Indiens Königsland

RAJASTHAN

Indiens Königsland
RAJASTHAN

A. und P. Keilhauer

Verlag Welsermühl

Typographie: Friedrich Spendou.
Gesamtherstellung: Druck- und Verlagsanstalt Welsermühl, Wels.

ISBN 3-85339-182-6

Inhaltsübersicht

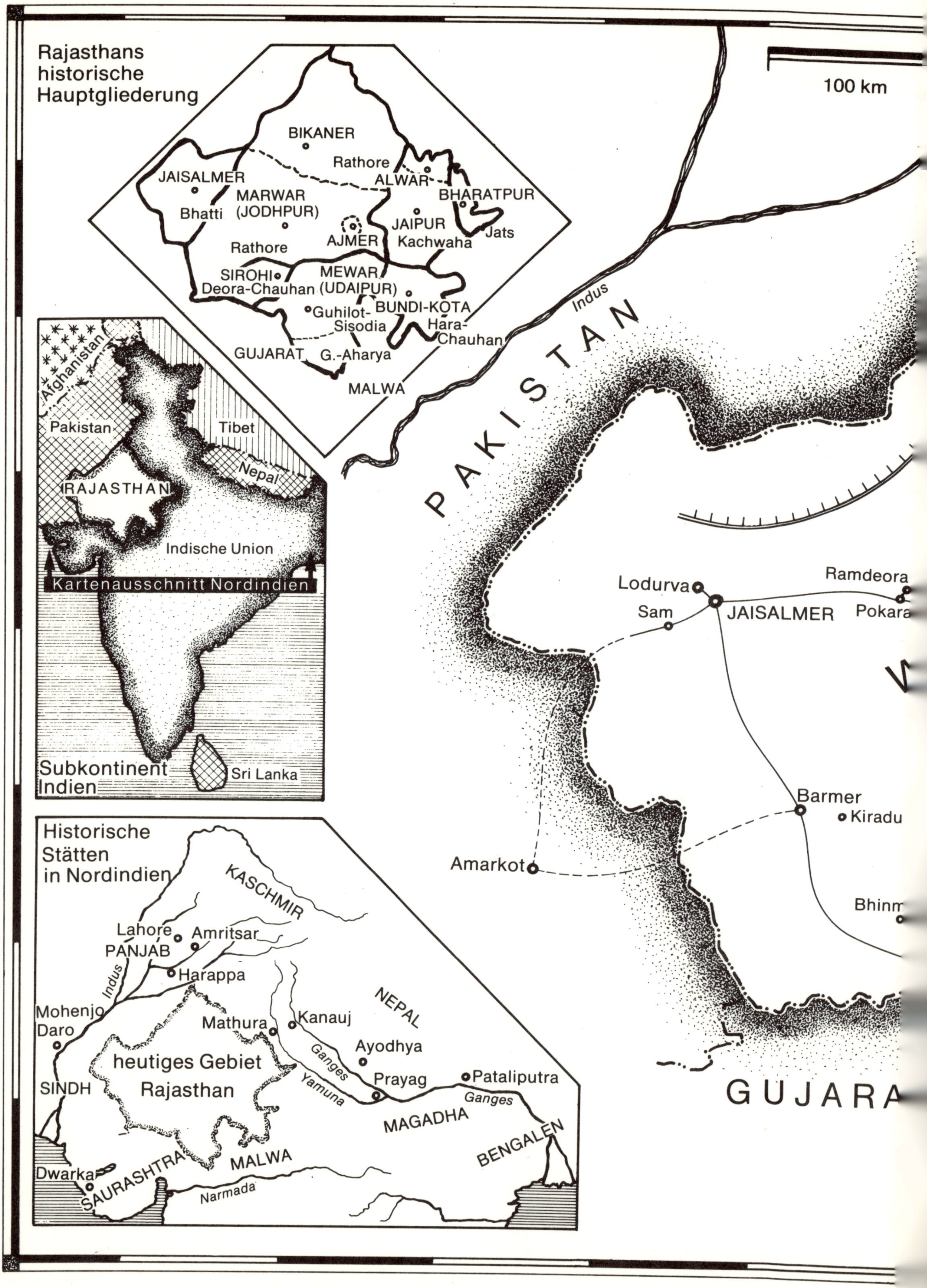

Rajasthans historische Hauptgliederung
BIKANER
Rathore
JAISALMER
Bhatti
MARWAR (JODHPUR)
Rathore
ALWAR
BHARATPUR
Jats
JAIPUR
Kachwaha
AJMER
SIROHI
Deora-Chauhan
MEWAR (UDAIPUR)
Guhilot-Sisodia
BUNDI-KOTA
Hara-Chauhan
GUJARAT
G.-Aharya
MALWA
Afghanistan
Pakistan
Tibet
Nepal
RAJASTHAN
Indische Union
Kartenausschnitt Nordindien
Sri Lanka
Subkontinent Indien
Historische Stätten in Nordindien
KASCHMIR
Lahore
Amritsar
PANJAB
Harappa
Indus
Mohenjo Daro
NEPAL
Mathura
Kanauj
Ayodhya
heutiges Gebiet Rajasthan
Ganges
Yamuna
Prayag
Pataliputra
SINDH
MAGADHA
BENGALEN
Dwarka
SAURASHTRA
MALWA
Narmada
100 km
Indus
PAKISTAN
Lodurva
Sam
JAISALMER
Ramdeora
Pokara
Barmer
Kiradu
Amarkot
Bhinm
GUJARA

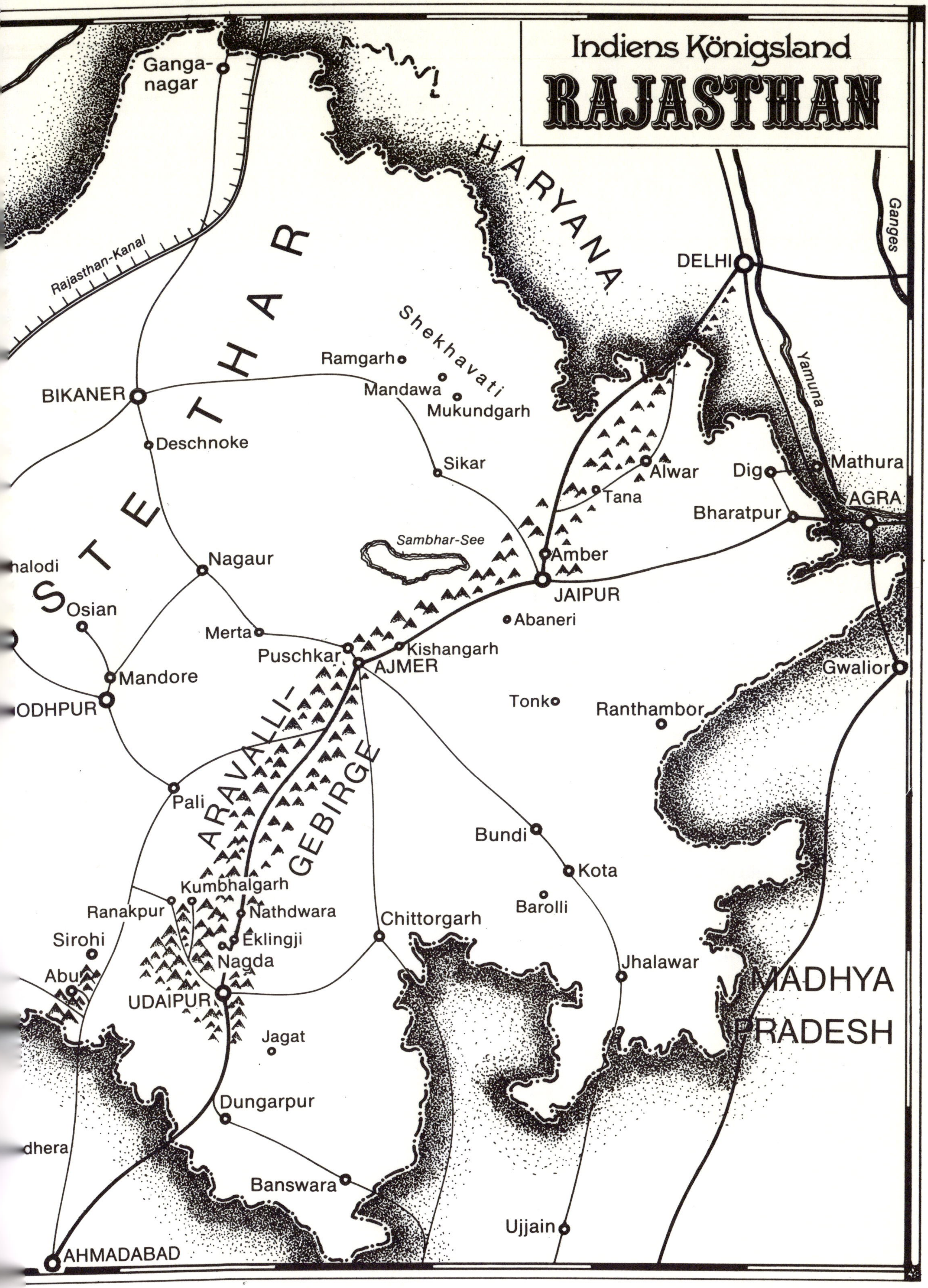

Indiens Königsland
RAJASTHAN
HARYANA
THAR
WÜSTE
Ganga-
nagar
Rajasthan-Kanal
Shekhavati
Ramgarh
Mandawa
Mukundgarh
BIKANER
Deschnoke
Sikar
DELHI
Ganges
Yamuna
Alwar
Tana
Dig
Mathura
Bharatpur
AGRA
Sambhar-See
Amber
JAIPUR
Abaneri
Nagaur
halodi
Osian
Merta
Puschkar
Kishangarh
AJMER
Mandore
ODHPUR
Gwalior
Tonk
Ranthambor
ARAVALLI-
GEBIRGE
Pali
Bundi
Kota
Barolli
Kumbhalgarh
Ranakpur
Nathdwara
Chittorgarh
Sirohi
Eklingji
Nagda
Abu
UDAIPUR
Jhalawar
MADHYA
PRADESH
Jagat
Dungarpur
dhera
Banswara
Ujjain
AHMADABAD

Einladung in das Königsland

Rajasthan war lange Zeit unser Traumziel. Viele Länder Asiens, von den Gestaden des Mittelmeeres bis an die Pazifikküste, hatten wir schon mehrfach bereist. In Indien hielten wir uns jährlich etwa drei Monate auf, legten Zehntausende Kilometer in Bussen und Eisenbahnen zurück, kannten weite Landesteile wohl besser als manche einheimische Tourismusbeamte und schulten einige von ihnen als Reisebegleiter ein, erarbeiteten Programme für Studienfahrten und sammelten jahrelang verschiedenstes Material. Rajasthans Großstädte Jaipur und Udaipur hatten wir zwar schon besucht, aber die Wüste Thar, der Osten des Landes und die Aravalli-Berge blieben uns lange vor anderen beruflichen Verpflichtungen verschlossen.
Endlich, vor etwa sieben Jahren, konnten wir unseren großen Wunsch verwirklichen und erkundeten, begleitet von allerlei Höhen, Tiefen und Abenteuern, erstmals ganz Rajasthan. Nach Einladungen bei der königlichen Rathore-Familie, Angehörigen des Sisodia-Clans und Fürsten im Shekhavati-Gebiet, logierten wir recht hautnah mit Nomaden und allerlei Getier, verköstigten uns nur landestypisch und pferchten uns bei brütender Hitze auf Kamelkarren, Pferdekutschen, in Lokalbusse und Bahnen. Wenn auch diese »Luxusgefährte« unserer Neugier nicht mehr genügten, dann radelten wir mit 20 Kilogramm Photogepäck in die Wüste. Die Reifenpannen haben wir nicht gezählt, aber Fauna und Flora eingehend »studiert« und dabei erfahren, wie wenig Schatten Kameldorngestrüpp und Dickblattgewächse spenden! Alle diese »Vergnügungen« konnten aber unsere Begeisterung nicht schmälern, denn Rajasthan übertraf bei weitem unsere Vorstellungen und Erwartungen. Sofort fühlten wir uns »zu Hause«, in vieler Hinsicht an Afghanistan, Persien, Arabien und die Türkei erinnert. Und tatsächlich liegt der außergewöhnliche Zauber Rajasthans in der Verbindung zweier völlig konträrer Kulturen. Jahrhundertelange Fehden zwischen Rittern des Hinduismus und isla-

mischen Herrschern beflügelten beide Seiten zu einer unvergleichlich reizvollen Symbiose.
Vieles an Rajasthan ist abwechslungsreicher, liebenswürdiger und erfreulicher als in weiten Teilen des Subkontinents. In diesem Land reihen sich nicht, wie sonst indientypisch, nur Tempel und fremdartige Pilgerstätten aneinander und schockieren keine überquellenden Städte und Slums, sondern laden einsame Wüstendörfer und verwehte Karawanenpfade, mittelalterliche Götterschreine und Patrizierstädte, idyllische Seen und Bergtäler zum Verweilen und Träumen ein. Majestätische Zitadellen, märchenhafte Paläste, feudaler Prunk und stolze Bewohner rechtfertigen schließlich den Namen des Landes:

Rajasthan, der Wohnsitz der Könige, oder
Rajputana, das Land der Königssöhne.

Die Faszination des Königslandes schwindet nicht über Jahre, sondern vertieft sich aus Begeisterung zu inniger Zuneigung. Gerade jetzt, wo der alte Orient vielerorts zu versinken droht, ist Rajasthan der kostbare Hort einer nostalgisch schönen Welt. So war es unser Herzenswunsch, dieses wunderbare Land als lebende Legende in Bild und Wort festzuhalten und einem großen Interessentenkreis zugänglich zu machen.
Unser Dank gilt dem Verlag Welsermühl für die Spontaneität, dieses noch wenig bekannte Thema aufzugreifen, und für die Sorgfalt der Bearbeitung.
Möge nun das Königsland Ihnen so viel Freude bereiten wie uns über all die Jahre, seit wir es kennen und lieben!

Salzburg, im August 1983 — Anneliese und Peter Keilhauer

Im Land der alten Götterschreine

Abgeschiedene Täler der Aravalli-Berge und unwegsame Weiten der Wüste Thar bilden einen Hort mittelalterlicher Hindutempel, die seit Jahrhunderten ihrer Wiederentdeckung harren. Reizvolle Landschaftsszenerien, Einsamkeit und Stille erhöhen den Zauber der ehrwürdigen Heiligtümer. Die meisten Tempel entstammen der Zeit zwischen 8. und 10. Jahrhundert, als die Pratihara-Kaiser über Nordindien geboten und Rajputenherrscher ihnen als Vasallen verbunden waren. Damals führten die großen Karawanenrouten aus Hindusthan (die persische Bezeichnung für Nordindien) durch das »Königsland« in das Industal und weiter nach Persien. Gewürze, Salz, Zucker, Parfüms, Edelsteine, Seiden, Wolle und Opium begründeten den Reichtum der alten Handelsstädte. Könige, Fürsten und Kaufleute trachteten, durch Tempelstiftungen den Segen der Priesterschaft, Verdienst für die Ewigkeit und Ruhm in allen Landesteilen zu erlangen.

Nach der Jahrtausendwende verheerten muslimische Afghanen in 17 Raubzügen weite Gebiete Nordindiens. Den Streitern des bilderlosen, streng monotheistischen Islam mußten überquellende Skulpturenfülle, erotische Szenen und Fruchtbarkeitszeichen der Hindutempel als wahrer Greuel und Gotteslästerung erscheinen.

Kein Wunder, daß viele nordindische Heiligtümer empörter Bilderstürmerei zum Opfer fielen. Die ungastliche Wüste Thar und die dichten Dschungelwälder der Aravallis boten jedoch einen natürlichen Schutzwall gegen die Invasoren und bewahrten viele mittelalterliche Kostbarkeiten Rajasthans vor der Zerstörung. Erlesene Schönheit und ausgewogene künstlerische Reife dieser Tempel resultieren aus der Berufung von Architekten und Steinmetzen der kaiserlichen Bauhütte nach Rajasthan. Meisterleistungen des Reichsstils der Pratihara-Kaiser stellen die Tempel von Osian und Kiradu in Marwar, Abaneri und Sikar im Jaipur-Distrikt, Menal, Bijola und Barolli in Ostrajasthan, Nagda und Jagat in Mewar dar.

Am Rande der Wüste Thar liegt das kleine, weltvergessene Städtchen Osia(n). Die Straße zwischen Jodhpur und Osian säumen meist nur spärliches Akazien-, Mimosen- und Kameldorngestrüpp, ab und zu tauchen ein paar Lehmrundhütten auf. Auf der Suche nach Weideplätzen durchschweifen Nomaden wie seit Jahrtausenden die karge Wüstensteppe. Mehrere Monate des Jahres bilden die saftig grünen Blätter des Khejribaumes die einzige Nahrung für ihre Ziegenherden. Künstliche Bewässerung aus Tiefbrunnen erlaubt in manchen Landstrichen den Anbau von Chilli, Hülsenfrüchten und Baumwolle. Zur Erntezeit verwandeln Chillischoten und Baumwollbällchen das Land in einen leuchtend roten und weißen Teppich. Vom einstigen Reichtum der mittelalterlichen Karawanenstadt Osian künden nur mehr einige Patrizierhäuser und Tempel. Weithin sichtbar ragt aus der Ortsmitte ein Hügel mit dem Heiligtum der »Großen Göttin« empor, die im Osian-Bezirk in den Namensformen Pipla-Devi und Sachiyamata verehrt wird. Bauern und Nomaden pilgern gern zum Schrein der alten Erd-, Fruchtbarkeits- und Muttergottheit, um reichen Kindersegen, vor allem die Geburt gesunder Knaben, zu erflehen.

Kunsthistorische Interessenten wenden ihr Hauptaugenmerk einer Tempelgruppe beim Ortseingang zu. Seit Jahrhunderten aufgelassen, von mannshohen Dickblatt- und Wolfsmilchgewächsen überwuchert, Wüstensand und Wetterunbilden preisgegeben, erstaunt der Erhaltungszustand der roten Sandsteintempel. Tagsüber pflanzen Pfauen, Rajasthans Wappentiere, gerne ihre buntschillernden Räder wie Standarten auf die Tempeltürme, nachts hausen wohl Wüstenfüchse und Eulen in den windumraunten Gemäuern.

Die Tempel von Osian stellen ein klassisches Lehrbeispiel nordindischer Sakralkunst dar. Basierend auf Erkenntnissen der buddhistischen Architektur entstand während des »Goldenen Zeitalters« der Gupta-Dynastie im 4. Jahrhundert n. Chr. der Hindutempel als Turmheiligtum. Im Mittelalter führte die Bauhütte der Pratihara-Kaiser die Grundzüge der Gupta-Architektur weiter, wählte statt Ziegeln jedoch Stein als beständigeres Baumaterial. Zwischen dem 8. und 11. Jahrhundert erreichte der nordindische Tempelstil (auch indoarischer oder Nagara-Stil genannt) seinen Höhepunkt. Stilistische Hauptmerkmale sind die konvexe Krümmung und vertikale Gliederung des Tempelturms. Die Bezeichnung »Berggipfel« (Shikhara) vergegenwärtigt seine metaphysische Bestimmung als Abbild des mystischen Götterberges Meru. Unter dem Turm birgt eine kleine, düstere »Schoßkammer« wie eine Höhle

im Berg das Kultbild, eine Götterfigur oder ein abstraktes Symbol. Zu den wichtigsten Ritualen der Hindus gehört die Umkreisung (Pradakshina) der Cella im Uhrzeigersinn. Dadurch wandelt der Gläubige sinnbildlich dem Sonnenlauf folgend im Pfade der ewigen Weltordnung.
Die Tempel von Osian sind den Göttern Vishnu, Hari-Hara und Surya geweiht. Im Mittelalter erfreute sich der Sonnengott Surya in Kreisen des Kriegeradels größter Beliebtheit und Mythen schildern ihn als einen der liebenswürdigsten Götter. Als schöner, reichgeschmückter Jüngling zieht er allmorgendlich in goldener Karosse seine himmlische Bahn. Göttinnen der Dämmerung und Morgenröte, schöne Nymphen und Himmelsmädchen, Musikanten und Tänzer bilden sein liebliches Gefolge. Hari und Hara sind Beinamen der beiden höchsten Hindugötter Vishnu und Shiva; ihre Verbindung zu einer Gestalt veranschaulicht die Ureinheit der polaren Kräfte, die das All durchwalten.

Nagda, die alte Hauptstadt des Landes Mewar, ruht seit sieben Jahrhunderten einsam wie in einem Dornröschenschlaf. Herrliche Tempel, eingebettet zwischen ehrwürdigen Banyan- und Mangohainen, waldigen Hügeln und idyllischen Seerosen- und Lotosteichen, zeichnen den Ort zur stimmungsvollsten Ruinenstätte ganz Rajasthans aus. Die morgendliche Stille wird nur vom Gekreische und Klappern von Ibissen, Reihern und Störchen unterbrochen; ab und zu flattern Schwärme grüner Halsbandsittiche auf und lassen sich in weitausladenden, rauschenden Baumwipfeln nieder. Silbergraue Kraniche, hoheitsvoll ihre schimmernden Goldkronen wiegend, stolzieren gerne durch die sumpfigen Wiesen. Ein Hauch von Melancholie schwebt über den gelblich verwitterten Tempelruinen des 10. Jahrhunderts mit ihren filigranartigen Reliefs. Alle Außenwände überspannen feinste, »ziseliert« wirkende Friese graziler Tanzfigürchen und eleganter Musikanten, umrankt von Lotosblüten und Blattwerk. Eingebettet zwischen Fabelwesen, Tieren, Glücks- und Fruchtbarkeitszeichen bilden sie den zauberhaften Rahmen für das Paradies des Himmelskönigs Vishnu. Liebespärchen locken mit raffinierter Erotik nach dem Kamasutra, dem »Leitfaden zur Liebeskunst“. Nach dem Glauben der Hindus führt nicht die Verneinung, sondern die Auskostung aller Wonnen letztlich zur Vergeistigung. In schroffem Gegensatz dazu steht in Kunst und Kult der Inder oftmals strengste Askese oder innige Hingabe an die Gnade eines Erlösergottes. Alle unterschiedlichen Pfade sollen zu ein und

Seite 13 *Prozessionsteilnehmer in Jaipur*
Religiöse Riten und Feste begleiten jeden Hindu von der Empfängnis bis zum Tod. Der Hinduismus, Hauptreligion, Gesellschaftsordnung und Lebensstil der Indischen Union, ist für die etwa 600 Millionen Hindus der Grundpfeiler des Lebensablaufes.

Seite 14 *Tempel von Barolli im Kota-Distrikt*
Diese Tempelgruppe stellt ein klassisches Beispiel des nordindischen oder Nagara-Stils aus der Bauhütte der Pratihara-Kaiser im 10. Jahrhundert dar. Der Tempelturm (Shikhara = »Berggipfel«) gilt als Abbild des mythischen Götter- und Weltenberges Meru, stilistisches Hauptmerkmal sind seine konvexe Krümmung und vertikale Gliederung. Die Spitze des Turmes bilden ein kanneliertes Lotoskissen (Amalaka) und eine Vase mit Unsterblichkeitstrank (Amritakalasha), die geistige Wiedergeburt verheißt und in die Transzendenz weist. Die drei Tempeltürme sind den Hindugöttern Brahma, Vishnu und Shiva (als Mahadeva = großer Gott der Schöpfung, Erhaltung und Zerstörung des Universums) geweiht. Vorne zwei Säulen des einstigen Ruhmestores.

Seite 15 *Innenansicht der Vorhalle*
Eine oder mehrere offene Pfeiler- oder Säulenhallen (Mandapas) dienen verschiedenen Kulthandlungen, wie Niederlegung von Opfergaben, Gebet, Tanz oder als Versammlungsraum bei der Unterweisung durch einen Guru. Die Mandapa führt zur Türe der »Schoßkammer«, dem Allerheiligsten, mit dem figürlichen oder symbolischen Bild der Hauptgottheit des Tempels. Zu den wichtigsten Ritualen gehört die Umwandlung des Kultbildes im Uhrzeigersinn, dem Sonnenlauf folgend.

Seite 15 unten *Säulen des ehemaligen Ruhmestores*
Das prachtvolle Kirttitorana zeigt Reliefs von Himmelsmädchen (Surasundaris) und Glockenschnurmotive. Die Glocke ist auch ein wichtiges Ritualgerät, das zu Beginn der Andachten angeschlagen wird. Die Glockenform ist von der Lotosknospe abgeleitet und versinnbildlicht das weibliche Prinzip, den Mutterschoß der Natur, aus dem sich das Leben entfaltet.

Links oben *Nagda, die alte Hauptstadt von Mewar*
Die Tempelruinen am Baghela-See aus dem 10. Jahrhundert sind der »Weltmutter« (Jagadamba) und dem Himmelskönig Vishnu geweiht. Im Hintergrund steht der Doppeltempel Sas-Bahu.

Links unten *Hari-Hara-Tempel von Osia(n)*
Die alte, ehemalige Karawanenstadt im Jodhpur-Distrikt ist ein Hort prachtvoller Tempel der Pratihara-Bauhütte des 8. bis 10. Jahrhunderts. Der Hari-Hara-Tempel stellt eine Variante des nordindischen Stils als Panchayatana-Typ dar. Auf einer gemeinsamen Plattform gruppieren sich um den zentralen Turm vier gleichartige Nebenschreine. Die kosmische Fünfersymbolik ist typisch chinesisch und floß wahrscheinlich über den Mahayana-Buddhismus in die hinduistische Baukunst ein. Im Hintergrund erhebt sich der Sachiyamata-Tempel für die alte Erd-, Fruchtbarkeits- und Muttergottheit der Wüste Thar.

Volkstümliches Lebensbaummotiv

Lotosmotive, Symbol der Lebensentfaltung aus dem Urozean.

Rechts *Der Sonnengott Surya*
Diese Sandsteinskulptur des 8. Jahrhunderts stammt vom Hari-Hara-Tempel in Osian. Surya wird als schöner, reichgeschmückter Jüngling dargestellt und trägt Lotosblüten als Sonnenräder in den Händen. Oben schweben himmlische Nymphen (Apsaras), unten knien pferdeköpfige Gottheiten als Adoranten. Der vedische Sonnengott steht immer in Verbindung mit Rossen, die nach mythologischen Vorstellungen seine prunkvolle Himmelskarosse täglich über den Horizont leiten. Pferde und Streitwagen gelangten mit den vedischen Ariern nach Indien. Der Sonnenkult war einst weit verbreitet, die Sonnenlinien der Rajputen sehen den Sonnengott als ihren Ahnherrn. Seit Jahrtausenden beten Hindus morgens der Sonne zugewandt. Der heiligste Vers der Veden ist die Gayatri- oder Savitri-Strophe an die Kraft der aufgehenden Sonne.

Seite 20 *Vorstadttempel in Udaipur*
Frauen haben sich zu einer Andacht unter einem Baum neben dem Tempel versammelt. Pflanzen, Tiere, Steine, Gewässer, die ganze Natur gilt als »beseelt«, als Sitz und Träger wohlwollender und dämonischer Geister. Zur Beschwörung dieser Mächte haben die Menschen seit Urzeiten magische Praktiken entwickelt. Die Religionsstufen des Animismus und Schamanismus blieben trotz Überlagerung durch Hochreligionen im Volksglauben stets lebendig.

Seite 21 *Gangaur-Fest in Udaipur*
Gangaur ist ein typisch rajasthanisches Frühlingsfest zu Ehren der Göttin Gauri, der Schirmherrin der Ehe. Gan und Gauri sind Beinamen des Götterpaares Shiva und Parvati. Reichgeschmückt und in festliche Saris gehüllt versammeln sich Frauen, opfern Fruchtbarkeitssymbole, wie Blätter, Blüten und junge Gräser und erflehen langes Leben und Gesundheit für ihre Gatten. Mädchen bitten um baldige Heirat und einen guten Mann. Die Frauen tragen einander das Zinnobermal (Tika oder Tilaka) an der Stelle des vermeintlichen »Weisheitsauges« zwischen den Brauen auf, um dadurch den Segen der Göttin herbeizuzaubern.

Seite 22 *Udaipur, die Hauptstadt von Mewar*
Von der Dachterrasse des Maharana-Palastes bietet sich ein herrlicher Blick über die weiße, grün durchsetzte Seen- und Palaststadt zum Jagdish-Tempel, den Maharana Jagat Singh 1651 zu Ehren des Gottes Vishnu im traditionellen nordindischen Stil errichten ließ. Die Sakralkunst ist in heiligen Bauhandbüchern (Silpa Shastras) festgelegt und erfuhr daher über eineinhalb Jahrtausende keine grundsätzliche, sondern nur stilistische und regionale Varianten.

demselben Ziel führen, zur Erlösung (Moksha) aus der Kette der Wiedergeburten und Vereinigung mit dem absoluten Weltgeist.

Weit im Osten Rajasthans überdauerte die großartige Tempelgruppe von Barolli nahezu unversehrt ein Jahrtausend; eine Inschrift nennt das Jahr 925 als Gründungsdatum. Mit einigen Götterschreinen im angrenzenden Mittelland (Madhya Pradesh) zählt das Heiligtum zu den reifsten Schöpfungen des Reichsstils der Pratihara-Kaiser und den frühen Wirkungsstätten shivaitischer Asketenorden. Daher ist Barolli dem Gott Shiva geweiht und nicht – wie manche ältere Tempel Rajasthans – dem Himmelskönig Vishnu oder dem Sonnengott Surya, den bevorzugten Patronen des Kriegeradels.

Die Tempeltore werden von eleganten Figuren der Flußgöttinnen Ganga und Yamuna, den Verkörperungen der beiden großen Ströme Nordindiens, flankiert. Gewässer werden im Glauben der Hindus meist weiblich verstanden, als »Mütter der Fülle« und Nahrungsspenderinnen, deren Wogen auch sündentilgende Kraft besitzen. Ganga und Yamuna gewähren daher den Gläubigen vor Betreten der Andachtshallen rituelle Reinheit. Im Dämmerlicht der Cella wird allmählich das Kultbild Shivas als überlebensgroßes Dreigesicht, Sinnbild des absoluten, dreifach im Universum wirkenden Gottes, erkennbar. Jugendlich schön verrät das rechte Antlitz die junge Schöpfung, den Gegenpart der Zerstörung, des Todes, bildet das drohende, schlangenumwundene linke Gesicht; erhaben über dem Wechselspiel der polaren materiellen Kräfte, von Werden und Vergehen, ruht das majestätische mittlere Haupt als Symbol der Bewahrung des Kosmos und Ewigkeit des Geistes.

Über all die Jahrhunderte seit ihrer Entstehung erfuhr die hinduistische Sakralkunst Nordindiens keine grundsätzlichen, sondern nur geringfügige stilistische und regionale Abwandlungen. Altüberlieferte Ikonographie- und Bauhandbücher (Silpa Shastras), Teile der kanonischen Schriften, legen die Errichtung eines Gotteshauses von der geomantischen Standortwahl bis in das kleinste Detail der Kultbilder fest. Nur die genaue Einhaltung aller Richtlinien läßt den Tempel zum Abbild des geheimnisvollen Universums werden, gewährleistet die Anwesenheit der Götter und die magische Übertragung außerirdischer Kräfte auf die Gläubigen. Sakrales und Profanes sind im indischen Denkkreis nicht zu trennen, Religion bedeutet gleichzeitig Lebensstil und Gesellschaftsordnung und bestimmt daher trotz mancher Neuerungen noch immer den Erdenwandel aller Hindus.

Helden- und Ahnenkult

Weithin sichtbar vor den Mauern der Stadt Jodhpur kündet auf rotem Sandsteinfels ein blendend weißer Ahnentempel vom Glanz des Herrscherhauses. Ein harmonisches Stufenensemble von Pavillons, Kuppeln, Erkern, Balustraden und Zinnen gipfelt in einem tempelartigen Turm. Vor etwa hundert Jahren ließ Maharaja Jaswant Singh den Marmorbau am Rande der Wüste errichten. Auf polierten Steintafeln werden der stolze Stammbaum und die Ruhmestaten der »Sonnenherrscher« aus dem Rathore-Clan von Marwar und Jodhpur erzählt. Von allen Totengedenkstätten Rajasthans ist das Jaswant Thada gewiß die attraktivste. Im Schein der Abendsonne reflektiert der Spiegel eines Teichs das grandiose Farbspiel von vergoldetem Marmor, rotem Sandstein und blauem Firmament. Einst bannte das Ahnenschloß von Jodhpur Totengedenken und Herrschaftsanspruch in Stein. Doch noch immer thront es über der betriebsamen Stadt als erhabener Wächter unberührt vom Fluß der Zeit und Vergänglichkeit.

Im nahen Mandore, der alten Hauptstadt von Marwar, wählten die Regenten neben Tempeltürmen auch Lustpavillons als Vorbilder für ihre Kenotaphe. Rote Sandsteinbauten, einkomponiert zwischen sattgrünen, weitausladenden Bäumen, üppiger Blütenpracht, Seerosen- und Lotosteichen, verleihen der Totenstadt eine heitere Atmosphäre. Mandore ist heute ein beliebtes Ausflugsziel der Bewohner Jodhpurs an Feiertagen und während der heißen Jahreszeit. Ein weitläufiger Park und die Memorialbauten der Könige laden zum Verweilen, Plaudern und Picknick ein; Affen und Lemuren nehmen gerne am Mahl teil, holen sich behende die besten Leckerbissen und niemand denkt auch nur im geringsten daran, die heiligen Tiere zu verscheuchen.

Mandore hieß einstens Virapura, die Heldenstadt. Schon während der Gupta-Ära im 4. Jahrhundert n. Chr. bestand am Festungshügel eine Zitadelle, die 400 Jahre später von den Pratihara-Rajputen und nach dem Jahre 1200 von den Rathore erobert wurde. Wesentlich spektakulärer als die spärlichen Burgreste ist der »Schrein der 330 Millionen Götter«, eine offene Säulenhalle mit etwa zwei Dutzend überlebensgroßen Steinplastiken von Göttern, Heiligen und Helden. Die buntbemalten, lebensnahen und kuriosen Figuren dienen Müttern gerne als Anschauungsmodelle für ihre Kinder, die andächtig spannenden Mythen, Legenden und Heldenabenteuern lauschen. Ehrfurcht flößt den Kleinen ein ausgezehrter Eremit im Yogasitz ein, Geborgenheit strahlt der elefantenköpfige, dickbäuchige Gott Ganesha aus, Edelmut und Tugend verkörpern der göttliche Held Rama und seine Gattin Sita. Alle Kinder wissen vom hilfreichen Affengott Hanuman und Hirtengott Krishna, dessen Gefährtin Radha die Tracht rajasthanischer Bäuerinnen trägt. Bei den grimmigen Muttergottheiten wahren die Besucher meist Abstand; die schwarze Kali zertrampelt Dämonen unter ihren Füßen, während die heroische Chamunda, die Schirmherrin des kriegerischen Rathore-Clans, ihr Pferd zur Schlacht gegen die Mächte der Finsternis lenkt. Größter Beliebtheit und Bewunderung in allen Alters- und Bevölkerungsschichten erfreuen sich die Helden Pabuji, Mallinath, Ramdeoji und Amar Singh Rathore. Hoch zu Roß und schwer gepanzert, mit aufgezwirbeltem Schnurrbart und feurigem Blick, vermitteln sie das Idealbild eines echten Rajputen.

Tausende Schaulustige strömen alljährlich im August zum großen Heldengedenkfest nach Mandore. Vor dem Heroenschrein verherrlichen Sänger im effektvollen Stil des Dingal, der klassischen Heldenpoesie, Rittertugenden und Heldentod im Kampf gegen die Muslims. Dingals werden von Bhatts, den ehemaligen Hofpoeten und -sängern vorgetragen, die einst ihre Herren zu tollkühnen Taten, unbeugsamem Stolz und ruhmvollem Heldentod anfeuerten und mit ihnen in die Schlacht zogen. Charans sind auf die Genealogien der Rajputenherrscher und Satiren spezialisiert und genossen als Hofastrologen mit prophetischen Gaben, Freunde und Berater der Fürsten großen Einfluß und hohes Ansehen. Die Kasten der Bhatts und Charans nehmen noch heute einen bedeutenden gesellschaftlichen Rang in Rajasthan ein und sind durch Rundfunk und Fernsehen weit über die Landesgrenzen berühmt.

Im klassischen Land der Ritter sind Heldengedenkstätten weit verbreitet. Rajputen, die im Kampf gegen die Muslims fielen oder angesichts des Erzfeindes Selbstmord verübten, wurden »Heldensteine« (Virakals) gesetzt, die den Verstorbenen als gewappneten Reiter zeigen. Opfermut und Wahrung der Rajputenehre werden in Passagen aus den großen Heldenepen gepriesen.

Der politische Ausgleich der Rajputenherrscher mit Kaiser Akbar um 1580 vertiefte die Durchdringung von Hindu- und Muslimkultur. Angeregt von der Pracht des Moghulhofes ließen alle Rajputendynastien Memorialbauten vor den Toren ihrer Residenzstädte in weitläufigen Parks anlegen. Vorbilder der

Kenotaphe sind im weiteren Sinne islamische Kuppelmausoleen. Bereits kurz nach der Eroberung von Delhi setzten die Muslims um 1200 entscheidende neue Akzente im Kunstschaffen und verwirklichten erstmals auf indischem Boden den echten Wölbungsbau. In immer stärkerem Maße wurde die Landschaft in den Architekturkomplex eingebunden, vor allem im sogenannten »persischen Gartengrab«, bei dem durch ein Achsenkreuz von zierlichen Kanälen ein vierteiliger Garten (Charbagh) mit dem Mausoleum im Schnittpunkt entsteht. Den Höhepunkt eines persischen Gartengrabes stellt das weltberühmte Taj Mahal in Agra nach 1630 dar. Die Rajputenfürsten wählten offene Kuppelpavillons als bescheidenere, aber dennoch eindrucksvolle und repräsentative Kenotaphe. Chattri ist die indische Bezeichnung solcher Pavillons, die sowohl als Zierat von Palastfassaden oder Gartenhäuschen, meist jedoch als Memorialbauten dienen.

Im Gegensatz zu islamischen Mausoleen bergen Chattris keinen Leichnam, sondern nur eine Gedenkstele. Als Ritter des Hinduglaubens blieben die Rajputen natürlich der Totenverbrennung treu. Feuer gilt den Hindus und den Rajputen im besonderen seit Urzeiten als heilig. Die Glut der Sonne gewährleistet die kosmische Ordnung, das wohlbehütete Herdfeuer lodert zum Segen des Hauses, im Opfer- und Hochzeitsfeuer werden die Götter beschworen und letztlich reinigt die verzehrende Flammenglut von allen materiellen Befleckungen und führt die Seele zurück zur reinen Geistigkeit. Weltbrände vernichten nach dem Hinduglauben periodisch das Universum und Feuer ist die Voraussetzung für eine neue Entfaltung aus den Urwassern. Wie der alte Makrokosmos zu Asche zerfällt und aus dem Ozean wiederersteht, wird auch der Mikrokosmos – der Mensch – durch Feuer und Wasser zu neuem Leben verwandelt. Daher wird die Asche heiligen Gewässern, am besten der Ganga oder dem Puschkarsee, übergeben. Verbrennungsplätze liegen stets in der Nähe von Flußläufen oder Seen, im wasserarmen Rajasthan gruppieren sich die Chattris mit den Verbrennungsplätzen meist an künstlichen Teichen.

In verflossenen Tagen waren Einäscherungen von Maharajas pompöse Feste. Zwölf Tage lang dauerten die Prozessionen, Priesterriten, Festmähler, Totenopfer und Gedenkzeremonien. Beim Tod des Maharajas von Jaipur im Jahre 1922 wurden tagelang alle Züge und Kutschen angehalten, 50 000 Menschen eine Woche lang verköstigt, Goldmünzen unter das Volk gestreut und tonnenweise kostbares Mango- und Sandelholz, Duftstoffe und Blütengirlanden verbrannt.

Das Wunder der Dilwara-Tempel

Wenn sich morgens die Nebelschleier über den Palmenwäldern des Berges Abu heben, wird der Blick frei auf die weißen Kuppeln der Jaina-Pilgerstadt Dilwara. Schon das Panorama vermittelt ein Bild der Ruhe, des Friedens und der Harmonie – doch welches Paradies entfaltet sich vor dem sprachlosen Beschauer im Inneren der Tempel! Alle Herrlichkeit, alle Großartigkeit sind der Außenwelt abgewandt und nach innen gekehrt. Nur leuchtend weißer Marmor war als würdig erkoren worden, eine Götterwelt auf Erden erstehen zu lassen. Die Lehren des Jainismus sehen Weiß als Sinnbild der Reinheit und absoluten Geistigkeit. Tempel sollen gläubigen Jainas bereits jenen Idealzustand vor Augen führen, der ihnen nach der Mühsal des Erdenweges verheißen ist. Im Himmelspalast sollen sie ausruhen, meditieren und eine Vorstufe ihrer künftigen Glückseligkeit erfahren. Die Schauseite der Heiligtümer liegt daher von der »farbig«-materiellen Außenwelt abgeschirmt und nur im Tempelinneren ersteht als Vision steingewordene »weiße« Geistigkeit.
Nahezu unfaßbar erscheinen der Säulenwald, die herrlichen Lotospendentifs der Kuppeln, Blüten-, Baum- und Rankenmotive, Elefantenrüsselbogen, tiefgründige Symbole und eine unüberschaubare Fülle von Figuren. Himmelswesen entstammen meistens der hinduistischen Götterwelt, die 16 »wissenshaltenden« Göttinnen (Vidhyadevis) sind hingegen jainistischen Ursprungs. Liebespaare, Tänzerinnen, Nymphen, Musikanten, Fruchtbarkeitsgenien (Yakshas und Yakshinis), Tiere und Fabelwesen werden in unerschöpflicher Phantasie variiert und überziehen lückenlos alle Bauglieder. Von hunderten Säulen und vielen Kuppeln gleicht keine der anderen. Kostbarster Marmor wird filigran- und spitzenartig bis ins kleinste Detail aufgelöst; beruhigende Akzente setzt nur das einheitliche Weiß. Zur »Ziselierung« dieses Wunderwerks führten Künstler in unerreichter Virtuosität feinste Feilen und zauberten aus dem Stein das zierlichste Marmorspitzenwerk der Welt hervor. Abgefeilter und aufgewogener Marmorstaub diente zur Errechnung ihres Arbeitslohnes!

Die Baukunst der Jainas lehnt sich eng an hinduistische Vorbilder an. Im Zentrum ihrer Heiligtümer steht ein meist vierseitiger Schrein (Chaumukh = Viergesicht) mit dem Bildnis des Tirthankaras, dem der Tempel geweiht ist. Tirthankaras (»Furtbereiter«) sind Heilige, die den Gläubigen die »Furt« aus dem leidvollen Strom der Wiedergeburten weisen. Skulpturen zeigen sie immer »nackt wie die absolute Wahrheit«, sitzend in Yogahaltung oder steif stehend und suggestiv auf den Beschauer starrend. Da sie kein Individuum, sondern ein ewig wiederkehrendes geistiges Prinzip verkörpern, erfuhren die Tirthankaras keine ikonographischen Varianten.

Nach dem Glauben der Jainas predigen 24 Furtbereiter in jedem Weltenzyklus das ewige Weltgesetz (Dharma) und den Heilsweg der Entsagung; der letzte dieser Reihe war Mahavira, der »große Held«. Vor etwa 2500 Jahren, etwa zeitgleich mit der Entstehung des Buddhismus, stiftete er die Reformreligion des Jainismus; der Name leitet sich vom Sanskritwort jina, Sieger, ab. Gemeint ist damit der Sieg der Geistigkeit über die Anfechtungen der Begierden und die Fesseln der Wiedergeburten. Mahaviras Heilspfad ist von extremer Askese gekennzeichnet und einzig auf das Ziel der Erlösung ausgerichtet. Daher soll alles Tun, letztlich auch die Nahrungsaufnahme, vermieden werden, um die Schaffung und den Einfluß »befleckender« Materie in die geistige Seelensubstanz zu verhindern. Besitzlose Mönchs- und Nonnenorden hüten das asketische Erbe Mahaviras und werden von einer Laiengemeinde, meist reichen Kaufleuten, finanziert. Im 1. Jahrhundert v. Chr. spalteten sich die Jainas in zwei bis heute bestehende Hauptrichtungen. Den strengeren Zweig vertreten die südindischen »Luftgekleideten« (Digambaras), das heißt nackten Bettelasketen, den Hauptzweig bilden die »Weißgekleideten« (Shvetambaras) in Nordindien.

Ahimsa, das Gebot des Nichttötens, der Schutz jeglichen Lebens, ist die hohe Ethik der Jainas, allerdings auch in einer uns übertrieben und grotesk anmutenden Form. Die spekulativen Züge des Jainismus zeigen sich vor allem in der Berufswahl seiner Angehörigen. Seit frühesten Zeiten kontrollierten Jainas den Stoff-, Getreide- und Juwelenhandel Nordindiens, ergriffen sie nur einträgliche »Sitzberufe« als Kaufleute und Bankiers und wandten sich rechtzeitig Industrie und Zeitungswesen zu. Das Fehlen von Kastenbindungen erlaubte ihnen auch den Zugang zu hoher Bildung, so daß sie Wissen und Geld vereinten und daher trotz ihrer geringen Zahl stets sehr einflußreich waren. Heute dürfte die Zahl der Jainas in ganz Indien nur 2,5 Millionen, etwa 0,4 Prozent der Gesamtbevölkerung, betragen. Der Jainismus ist eine Religion schroffster Gegensätzlichkeiten; einerseits schreiben seine Lehren Entsagung und Nichttöten vor, unterhalten reiche Laiengemeinden besitzlose Asketenorden, andererseits häuften die Jainas durch Wucherzinsen und Handel sagenhaften Reichtum an, mit dem sie hinduistische Priester und Könige bestachen und manche Kriegszüge finanzierten. Oft hochgebildet, nahmen die Jainas mächtige Stellungen in Verwaltung und bei Hofe ein; die Gründer der Dilwara-Tempel auf dem Berg Abu waren beispielsweise Minister. Im Namen des Solanki-Königs von Gujarat führte Vimala die Regierungsgeschäfte und stiftete im Jahre 1031 den ältesten und prächtigsten Dilwara-Tempel, den er Adinath, dem »Furtbereiter« aus grauer Vorzeit, widmete. Das zweite Heiligtum entstand etwa hundert Jahre später zu Ehren des 22. Tirthankara, Neminath. Die Stifter des Neminath-Tempels waren die Brüder Tejapala und Vastupala, ebenfalls Minister der Herrscher von Gujarat. Ganze Heere von Hilfsarbeitern, Handwerkern und Künstlern waren jahrelang zur Errichtung der Tempel eingesetzt. Trotz niedrigen Arbeitslohnes, wohl nur im Gegenwert von täglich ein paar Schalen Reises, verschlangen die Dilwara-Tempel Unsummen. Tejapala und Vastupala müssen unermeßlich reich gewesen sein, denn sie hatten auch einige Götterschreine am Girnar-Berg in Gujarat gestiftet. Jainas waren lange Zeit die bedeutendsten Auftraggeber für Sakralbauten in Rajasthan und im angrenzenden Gujarat. Eigene Hindukasten, früher auch Muslimgruppen, waren und sind als Steinmetze für die Jainas beschäftigt. Für ihren Tempelkult, das tägliche Abstauben, Baden, Polieren, Salben und Schmücken der Skulpturen, verdingten sie hinduistische (!) Priester und sicherten sich damit deren Gunst. Wallfahrtsstätten weiten sich zu Tempelstädten mit Herbergen, Verwaltungsgebäuden, Schatzkammern für große Bestände an Gold und Silber, Bibliotheken mit kostbaren Palmblatthandschriften, Klöstern, manchmal auch Altersheimen und Tierasylen. An den alten Handelsrouten Rajasthans erinnern noch viele mittelalterliche Tempel und Patrizierhäuser (Havelis) mit prachtvoll »ziselierten« Sandsteinfassaden an die Blütezeit des Karawanenhandels und die Präsenz der Jainas. Nach Aufkommen der Seefahrt und allmählichem Versiegen der Landrouten wanderten viele Jainas in Hafen- und Industriestädte, meist nach Bombay und Ahmadabad ab. Ihre alten Tempel restaurieren und unterhalten sie weiterhin durch Spenden und besuchen sie alljährlich zu Wallfahrten. Auffällig sind besonders viele Jain-Tempel aus dem 15. Jahrhundert im Land Mewar.

Vermutlich unterstützten Jainas die Kriegszüge und Festungsbauten des Maharana Kumbha und aus Dankbarkeit gestattete der stolzeste Streiter für den Hinduglauben die Errichtung zahlreicher Jain-Tempel in seinem Land. Ebenfalls in schimmerndem weißem Marmor errichtet, ist das Heiligtum von Ranakpur neben den Dilwara-Tempeln auf dem Berg Abu die schönste und kunsthistorisch bedeutendste Stiftung der Jainas in ganz Indien.
Pilgerstätten von Hindus und Jainas unterscheiden sich deutlich. Während die Hindus überfüllte Flußufer inmitten betriebsamer Städte aufsuchen, liegen Wallfahrtsorte der Jainas in erhabener Einsamkeit. Berge gelten ihnen als »Stätten des Heils«, an denen Tirthankaras ihren Erdenlauf beendeten und in das Nirvana (»Verlöschen, Verwehen«) eingingen. Fünf Gipfel genießen besondere Verehrung und sind Ziel aller Pilger; zwei davon liegen in Gujarat und je einer in Magadha (Bihar), dem Heimatland des Mahavira, in Südindien und Rajasthan. Für die Stiftung der Dilwara-Tempel wählten die Jainas ganz gezielt das Abu-Massiv in der Grenzebene zwischen Rajasthan und Gujarat, denn seit Urzeiten gilt dieses Gebirge als verehrungswürdig. Antike Schriftsteller, wie der Grieche Megasthenes, und chinesische Weltreisende berichten schon zwischen 300 v. und etwa 400 n. Chr. von einem heiligen Berg im Nordwesten Indiens. Die Hindus schreiben dessen Entstehung dem Gott Shiva zu, der den Berg über einem gähnenden Abgrund emporwachsen ließ und die Riesenschlange Arbuda mit seiner Zehe zermalmte. Gläubige schmücken den vermeintlichen Zehenabdruck, ein Loch im Boden, täglich mit Blumen und Räucherwerk. Der Name des Berges wird nicht nur vom Dämon Arbuda abgeleitet, sondern auch von den Silben ar = Berg und budha = Weisheit. Der »Berg der Weisheit« war schon in frühen Zeiten von wundertätigen Waldeinsiedlern, Medizinmännern, Yogis und göttlich inspirierten Sehern (Rishis) bewohnt, zu denen Fürsten und Volk pilgerten. Im Laufe der Jahrhunderte entstanden mehrere Götterschreine für Shiva, die Muttergöttin, und Vishnu, der als Götterlehrer Dattatreya angebetet wird. Nach ihm ist der Gipfel des Abu-Massivs, der 1720 Meter hohe Guru Shikhar (»Gipfel des Lehrers«), benannt.
Der Berg der Mythen und Legenden rückte allmählich ins Licht der Geschichte, als er Mitte des 8. Jahrhunderts zum Schauplatz der berühmten Feuerzeremonie erkoren wurde, aus der durch priesterliche Riten Barbarenstämme als Rajputen, Angehörige des Kriegeradels hervorgingen (vgl. Sonnen-, Mond- und Feuerdynastien Seite 49).

Seite 31 *Kenotaph Jaswant Thada in Jodhpur*
Maharaja Jaswant Singh ließ den eindrucksvollsten Memorialbau Rajasthans in der 2. Hälfte des 19. Jahrhunderts als Ruhmeshalle der Sonnenherrscher aus dem Rathore-Clan von Marwar errichten. Der kostbare weiße Marmor wird in Makrana, im Nagaur-Distrikt der Wüste Thar gebrochen; aus schimmerndem Makrana-Marmor wurde auch das weltberühmte Taj Mahal in Agra nach 1630 erbaut.
Nach dem politischen Ausgleich mit dem Mogulkaiser Akbar um 1580 entstanden in ganz Rajasthan zahlreiche Kenotaphe (Chattris) zum Gedächtnis aller Hindufürsten und ihrer Familien. Vorbild waren meist islamische Mausoleen und Kuppelpavillons. Chattris ersetzten die schlichten mittelalterlichen Gedenkstelen (Heldensteine = Virakals) für Rajputen, die im Kampf gegen die Muslims fielen.

Seite 32/33 *Berg Abu, Blick auf die Dilwara-Tempel*
Inmitten dichter Palmen- und Mangowälder liegt in 1200 Metern Höhe die Pilgerstadt der Jainas.
Das Abu-Massiv ist mit 1720 Metern die höchste Erhebung der Aravalli-Berge und trennt Rajasthan von Gujarat. Von hier wenden sich die Aravallis nach Nordosten, bilden bis zur Stadt Ajmer die Wasserscheide und setzen sich, an Höhe verlierend, fast bis nach Delhi fort. Sie teilen Rajasthan in zwei konträre Großlandschaften: Im Osten erstrecken sich waldige Hügel (Banas) und ein Plateau fruchtbarer Schwarzerdeböden bis zum Chambal-Fluß, die westliche Steppe geht in die Fels-, Salz- und Sandwüste Thar über, die vom »Salzfluß« Luni entwässert wird. Die Aravallis gehören zu den ältesten Gebirgen der Erde; besonders im Abu-Massiv türmen sich Granitfelsen zu bizarren saurier-, kröten- und kamelähnlichen Gebilden auf.

Tempelschmuck mit Lebensbäumen

Links oben *Devi-Kund bei Bikaner*
Die Kenotaphe der Rathore-Herrscher von Bikaner aus dem 18. bis 20. Jahrhundert sind zierliche Pavillons (Chattris) mit kannelierten Lotoskuppeln. Neben Memorialbauten liegen immer Verbrennungsplätze, die Asche wird in heiliges Wasser, in diesem Falle in den Teich, gestreut. Frauen verstorbener Maharajas ließen sich, Standesvorschriften und Ritterkodex entsprechend, meistens mit ihrem Gatten verbrennen. Dadurch wird eine Witwe zur Sati, zur »guten Frau«, der eine Wiedergeburt an der Seite ihres Mannes im Paradies verheißen ist. Vorbild für die Witwenverbrennung war Uma, die Gemahlin des großen Gottes Shiva, die zur ersten Sati wurde. Den Opfermut von Satis bezeugen Gedenkstelen (Satikals).

Links unten *Mandore, die alte Hauptstadt von Marwar*
Inmitten weitläufiger Parks erheben sich die Kenotaphe der Rathore-Könige von Marwar und Jodhpur aus dem 18. und 19. Jahrhundert. Die roten Sandsteinbauten sind entweder hinduistischen Tempeltürmen nachgebildet oder haben die Form offener Kuppelpavillons. Tief herabgezogene »bengalische« Dächer (Bangaldars) sind ein weit verbreitetes Schmuckelement in rajasthanischen Profan- und Sakralbauwerken.

Rechts *Kuppelmausoleum Dargah Sharif in Ajmer*
Im Herzen von Rajasthan, dem Land der Hinduritter, liegt wie eine Insel die größte islamische Wallfahrtsstätte ganz Indiens. Unzählige Pilger strömen seit Jahrhunderten zum »wundertätigen Grabmal« des Khwaja Muin-ud-Din Chishti. Der gebürtige Perser kam als berühmter Derwisch des Sufiordens der Chishtiyya (Chisthi) nach Ajmer und verstarb hier fast hundertjährig im Jahre 1232. Sein Mystikerorden trug viel zur Islamisierung Indiens und Blüte der persischen Poesie bei. 1464 ließ Sultan Muhammad Khilji von Malwa über dem Grab des Heiligen ein großes Kuppelmausoleum errichten. Der echte Wölbungsbau gelangte erst durch den Islam nach Indien. Leicht schräge Mauern des kubischen Unterbaues sind typisch für den indo-islamischen Stil vor den Mogulkaisern. Allmählich vollzog sich eine Durchdringung von Hindu- und Muslimkunst, die ihren Höhepunkt zur Zeit der Mogulen erreichte.

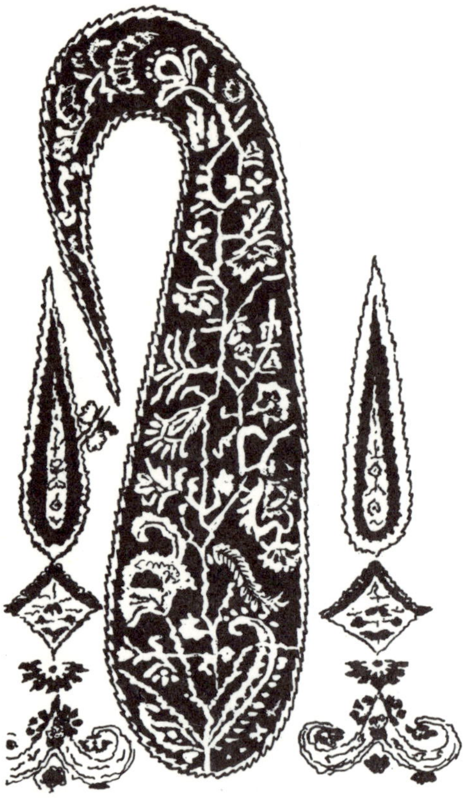

Die »fürstliche Pflanze« (Mir-i-bota) ist ein indo-islamisches Zeichen der Lebenskraft.

Seite 38 *Berg Abu, Neminath-Tempel, 13. Jahrhundert*
Von »falschen« Kuppeln hängen phantasievolle Lotospendentife mit grazilen Figürchen himmlischer Tänzerinnen (Apsaras) herab. Im Hintergrund ein Musikantenfries. Die filigran- und spitzenartige Auflösung des Marmors bedeutet den triumphalen Höhepunkt indischer Steinmetzkunst und eines der größten Wunder der Welt.

Seite 39 oben *Schlangenmandala in Ranakpur*
Im Zentrum des magisch-mystischen Kreises steht der 23. Tirthankara Parshvanatha, der vor rund 3000 Jahren den Asketenorden der Nirgrantha gegründet haben soll; sein Nachfolger war Mahavira, der Stifter des Jainismus. Parshvanatha steht unter einer großen Schlangenhaube und wird von je zwei Fruchtbarkeits- und Schlangengeistern (Yakshas und Nagas) flankiert. Die Schlange gilt als Symbol der ewigen Lebensenergie.

Seite 39 unten *Adinath-Tempel in Ranakpur, 1440*
Das Heiligtum zu Ehren des ersten Tirthankaras Rishabji oder Adinath wurde von reichen Jaina-Kaufleuten gestiftet. Mandala, Diagramm des mystischen Weltbildes: Im Urozean schwimmen vier »Kontinente«, die teils von phantastischen Lebewesen bewohnt werden. Am südlichen Kontinent des Rosenapfelbaumes (Jambudvipa) liegt Indien (Bharat), wo periodisch »Furtbereiter« (Tirhankaras) zur Verkündung der Lehre des Jainismus erscheinen und den Menschen die Furt aus dem Strom der leidenvollen Wiedergeburten weisen. Den Mittelpunkt des Universums bildet der Weltberg Meru.

Seite 40 *Berg Abu, Adinath-Tempel (1031 begonnen)*
Jainistische Tempel sollen den Gläubigen das überirdische Paradies vor Augen führen. Vor dem zentralen Schrein liegen Kulthallen (Mandapas). Jede der herrlich gemeißelten und gefeilten Säulen zeigt eine unüberschaubare Fülle von Himmelswesen, Ornamenten und Symbolen. Über kreuzförmigen Kapitellen sprießen aus dem Rachen von Fabelwesen Bögen in Form von Elefantenrüsseln als Zeichen des Lebensstromes hervor.

Im 19. Jahrhundert entdeckten die Briten Schönheit und Annehmlichkeiten des Berges Abu. Colonel Tod pries in seinen »Annalen Rajasthans« die dichten Palmen- und Mangowälder, die üppige Blütenpracht, das Vogelparadies, die herrlich frische Luft, die sternklaren Nächte und unvergeßlichen Sonnenauf- und -untergänge. Der Deora-Chauhan-Fürst von Sirohi schenkte den Briten ein Stück Land auf einem waldigen Plateau in 1200 Metern Höhe. Fürsten, englische Offiziere und Beamte und reiche Kaufleute ließen sich mit ihren Familien zur Sommerfrische auf dem Berg Abu nieder und auch die britische Regierung Rajputanas entfloh für einige Monate den heißen Ebenen. Villen, Pavillons, Gartenhäuser, Sanatorien, Schulen, eine anglikanische Kirche im neugotischen Stil, Golf-, Cricket- und Poloplätze, Reitpfade und Bootsstege erinnern an die Zeiten, als sich die »High Society« zum Tee, im Club oder bei Spiel und Sport traf, zur Tiger- und Leopardenjagd ging oder abendliche Bootsfahrten auf dem Nakhinsee genoß. Einige Maharajavillen sind heute Touristenhotels und es gilt Indern als besonders chic, hier die Flitterwochen zu verbringen; das Dorf Abu hingegen ist ein reizvoll nostalgisches Relikt von Britisch-Indien.

Gedanken zum Weltbild der Hindus

Über die Weltentstehung und -vernichtung gibt es kein einheitliches Dogma, jedoch unterliegen alle Weltsysteme – Tausende von Millionen – einem ewig wiederkehrenden Wechsel von Werden, Bestehen und Vergehen. Das Vishnu-Purana nennt in unserem Weltsystem sieben Ozeane aus Salzwasser, Zuckerwasser (Sirup), Wein, Butterschmalz, Dickmilch, Süßmilch und Süßwasser, die jeweils einen Kontinent, benannt nach verschiedenen Pflanzen, wie dem Rosenapfel-, Feigen- oder Wollbaum oder Lotos, umgeben. Aus dem mittleren Rosenapfelbaum-Erdteil (Jambudvipa) erhebt sich als Weltenachse der Goldene Berg Meru. Gebirgszüge unterteilen das Land in sieben Zonen, wovon Bharata-varsha (Indien) den Namen vom weisen König Bharata ableitet. Hier folgen periodisch vier immer schlechter werdende Weltzeitalter (das Goldene, Silberne, Kupferne und Eherne) aufeinander, üben heilige Männer Askese, bringen Gläubige Opfer und Spenden dar; daher ist Bharat als »Land der Werke« (und nicht des Genusses) das beste Gebiet des Universums, und die Götter singen: »Glücklich sind die, die in Indien geboren werden, selbst wenn sie vorher Götter waren, denn dies ist die Ursache für eine Wiederverkörperung in einer himmlischen Welt oder für die Gewinnung der Erlösung«.

Von Steppenreitern zu Königssöhnen

Herkunft und Stellung der Rajputen

Rajasthan oder Rajputana ist das Herzland der Rajputen, der stolzen Königssöhne. Ihre markante Erscheinung verrät noch heute die Herkunft von innerasiatischen Steppenreitern und die Verwandtschaft mit den Pashtunen oder Pathanen in Afghanistan und Pakistan, den Kaschmiris und Iraniern. Großgewachsen und hager, aber dennoch muskulös und kräftig, mit länglichem Gesicht, schmaler und leicht hakenförmiger Nase, hell-bräunlicher Haut und einem glühenden »Falken- oder Adlerblick« unterscheiden sie sich deutlich von anderen ethnischen Gruppen Indiens. Ein hochgezwirbelter Schnurrbart oder voller Backenbart, ihr hoheitsvoller Gang und große Turbane in leuchtenden Farben unterstreichen den eindrucksvollen Habitus. Rajputen tragen den Beinamen Singh, abgeleitet vom Sanskritwort simha = Löwe, ein Hinweis auf ihre »majestätische« Kriegernatur. (Die Bezeichnung Singh wird auch von Angehörigen der militanten Religionsgemeinschaft der Sikhs im Panjab gebraucht.)

Im Land der strengen Klassen- und Kasteneinteilung nehmen die Rajputen für sich in Anspruch, von der arischen Kriegerklasse, den Kshatriyas, abzustammen. Nur ein Streifzug durch die Geschichte unter Berücksichtigung der Gesellschaftsstruktur lassen Ursprung und Sonderstellung der Rajputen verstehen. Nordindien wurde in einem Zeitraum von rund 2000 Jahren wiederholt von Eroberungswellen hellhäutiger Hirtennomaden aus dem Steppengürtel Innerasiens überflutet. Schon um 1500 v. Chr. unterwarfen sie die hochzivilisierte Bevölkerung des Industales durch den Einsatz besserer Waffen, Kampfwagen und Pferde, dünkten sich der altindischen Bevölkerung weit überlegen und nannten sich Aryas (Arier), was grob als »Edle« zu verstehen ist. Die Arier waren vermutlich in drei Stände untergliedert, die sie der Masse der Unterworfenen aufpropften und dadurch zu »Hörigen« degradierte. In der berühmten Strophe aus dem Rigveda vom Ur-Riesen Purusha ist die vierteilige, »göttliche« Ständeordnung verankert: Aus dem Munde des Urwesens entsprossen die Brahmanen (Priester, Schriftkundige, Gelehrte, »Wissenshalter«), seinen Armen die Kshatriyas (Krieger und Adel); den Lenden die Vaishyas (Kaufleute, Handwerker, freie Bauern) und den Fußsohlen die Shudras (Knechte, Sklaven, weitgehend identisch mit der unterworfenen altindischen Bevölkerung). Die Sanskritbezeichnung varna = Farbe dürfte von der anfänglichen Unterscheidung zwischen hellhäutigen Ariern und dunkelhäutiger Urbevölkerung (Dravidas) herrühren. Aus den vier Ständen entwickelten sich im Laufe der Zeit zahlreiche Kasten, indisch jati = Geburt genannt, nämlich soziale Gruppen, in die ein Inder hineingeboren wird. Kasten sind weitgehend identisch mit Berufsgruppen.

Aus kshetra = Feld entstand die Kriegerbezeichnung; die Kshatriyas besaßen das Land, zogen Nutzen daraus und hatten es zu verteidigen. Kampf und Rittertum waren stets ein eifersüchtig gehütetes Vorrecht des exklusiven Militärstandes, des Schwert- und Landadels, der in den großen Heldenepen verherrlicht wird.

Neue Eroberer arischer Herkunft, Parther, Saken (Skythen), Yüetschi (Kuschanen), drangen um die Zeitenwende in Nordindien ein und vermischten sich mit früheren Invasoren und uransässiger Bevölkerung. Die altarische, »blutsreine« Kriegerklasse war im Laufe der Zeit dezimiert und absorbiert worden. Einzig die Rajputen wähnen sich als unmittelbare Nachfahren der alten Kshatriyas, tatsächlich entstammen sie der jüngsten Eroberungswelle, den Weißen Hunnen. Dieses iranisch-türkische Mischvolk fiel in losen Stammesverbänden um 460 n. Chr. in Nordindien ein; sie bildeten den letzten Schub von Steppenvölkern, die in Indien eine neue Heimat fanden. Wegen ihrer helleren Hautfarbe werden sie »Weiße« Hunnen oder Hephthaliten (ein Zweig auch iranische Hunnen) zur Unterscheidung von den »echten«, mongolischen Hunnen genannt. In den Grassteppen Innerasiens waren die Weißen Hunnen aber doch mit den Hsiung-Nu und Awaren in Berührung gekommen und nahmen vermutlich leichte mongolische Züge auf.

Brandschatzend, raubend und mordend zerschlugen die Weißen Hunnen die Reichseinheit der Gupta-Dynastie (320 bis ca. 470 n. Chr.), die Nordindien ein wahrhaft »Goldenes Zeitalter«, eine Blüte von Wissenschaft, Kunst und Kultur beschert hatte. Nach 25jährigem Ringen versiegte allmählich die Kraft der wilden Hunnen, Teile von ihnen wurden in die Flucht geschlagen, andere als Söldner von ehemaligen Gupta-Generälen angeheuert, der Großteil verunsicherte jedoch weiterhin als kriegerische Räuberhorden das ausgeblutete

Land. Diese Gurjara-Stämme, Rest- und Hilfsvölker der Weißen Hunnen, wurden ab dem 6. Jahrhundert in kleinen Pufferstaaten in Nordwestindien angesiedelt und sollten als Bannwall das alte Einfallstor der Eroberer schützen. So entstand ein ganzer Wehrgürtel aus Gurjara-Ländchen von den Himalayatälern durch die Wüste Thar und die Aravallis bis zum Golf von Cambay. Die erste Gurjara-Hauptstadt im späteren Rajasthan war Bhinmal, der heutige Bundesstaat Gujarat bewahrt in seinem Namen das Gurjara-Erbe.

Gurjara-Krieger füllten den dezimierten Ritterstand auf, nahmen den Hinduglauben an und bildeten den Grundstock der späteren Rajputenstaaten. Die Gurjara-Reiche gewannen zur Sicherung der Nordwestgrenze Indiens beträchtlich an Bedeutung, als die Araber zweimal – im Jahre 637 und nach 710 – plündernd von der See her in den Sindh, das Gebiet am Unterlauf des Indus im heutigen Pakistan, einfielen. Angesichts der wachsenden islamischen Bedrohung sahen sich die Brahmanen gezwungen, mehrere Gurjara-Clane als angebliche Nachfahren der altarischen Kriegerklasse in die hinduistische Gesellschaftsordnung zu integrieren. Priesterliche »Huld« und Reinigungszeremonien verwandelten halbbarbarische Abkömmlinge der Weißen Hunnen zu Rajputen, »Königssöhnen« und Verteidigern des Hinduglaubens. Andere Gurjara-Stämme blieben weiterhin Hirtennomaden, wurden Kleinbauern, Landarbeiter, Taglöhner oder ergriffen Handwerksberufe und wurden dementsprechend in der Kastenordnung abwertend eingestuft. Clanführer der Rajputen gingen Blutsbande mit dem alten Adel der Gupta-Zeit ein, führten durch fiktive Stammbäume ihre Herkunft auf göttlichen Ursprung zurück und stiegen zu Aristokraten verschiedener Rangordnung auf. Das 8. Jahrhundert war in ganz Nordindien eine Zeit des Umbruchs; einerseits rangen mehrere Rajputenreiche und das Königreich Kaschmir um die Vorherrschaft, andererseits drohte erneut die islamische Gefahr, diesmal vom Khyberpaß, dem alten Einfallstor nach Indien. Kaschmirs tatkräftiger König Lalitaditya konnte zwar die Afghanen aufhalten, scheiterte jedoch an seinen Eroberungszügen nach Südindien. Im Machtkampf mehrerer Rajputenreiche errangen im 9. Jahrhundert die Pratiharas die Vorherrschaft über Nordindien; im Jahre 823 zog Bhoja I. in die alte Kaiserstadt Kanauj am Ganges ein. Ständige Fehden, Verrat und Brudermord schwächten die Rajputenstaaten und öffnete den Muslims die Tore Indiens: Mahmud von Ghazna schleppte nach der Jahrtausendwende in 17 Raubzügen unvorstellbare Tempelschätze, tonnenweise Gold, Silber und Edelsteine nach Afghanistan. Die Katastrophe brach im Jahre 1192 herein, als ein riesiges Rajputenheer – die Überlieferungen sprechen von 300000 Rittern! – bei Tarain, in den Ebenen nördlich von Delhi, vernichtend von den afghanischen Ghoriden geschlagen wurde. In einem Blitzfeldzug fielen alle Metropolen an Ganges und Yamuna bis nach Bengalen in die Hände der Afghanen, die eine etwa 600jährige islamische Oberhoheit über den Großteil Indiens einleiteten. Binnen eines Jahrhunderts brachen die Muslims die hinduistische Feudalherrschaft in nahezu allen Landesteilen, nur das spätere Rajasthan wurde zum Herzland der Rajputen, und in abgeschiedenen Himalayatälern des oberen Fünfstromlandes (Panjab) blieben kleine Fürstentümer Reservate des Hindutums. Fehden zwischen Rajputenclanen und muslimische Invasionen führten zwar noch zu Verschiebungen innerhalb von Rajputana, aber in großen Zügen kristallisierten sich bereits um das Jahr 1200 die Rajputenstaaten in den bis ins 20. Jahrhundert gültigen Grenzen heraus.

Ehrenkodex und Rajputensitten

Ähnlich den Rittern Europas oder den Samurais in Japan entwickelten die Rajputen einen strengen Ehrenkodex, der auch an ihre Frauen hohe Anforderungen stellte. Kampf, Reiten und Freiheitsdrang lagen den ehemaligen Steppenkriegern im Blut. Knaben wurden ab dem 6. Lebensjahr zu ritterlichen Kampfspielen ertüchtigt, zogen mit zwölf Jahren erstmals auf das Schlachtfeld und galten nach der Heirat mit 14 Jahren als erwachsen. Kühn und gewandt auf dem Pferderücken und im Umgang mit Waffen, liebten die Rajputen Turniere, Bogenschießen, Fechten, Pferde- und Kutschenrennen oder sie vergnügten sich bei Elefantenkämpfen, Falkenbeize, Leoparden- und Tigerjagd, romantischen Liebesabenteuern und Brautraub.

Ständige Eifersüchteleien, Thronzwistigkeiten, Vater- und Brudermorde, Giftanschläge und Verrat erleichterten den Muslims immer wieder die Unterwerfung von Rajputenstaaten. Straffe Schlachtordnung und kluge Strategie, bessere Waffen und Rüstung, leichte Reiterei und ein gut geschultes, diszipliniertes Heer, in dem auch einfache Soldaten durch Tüchtigkeit aufsteigen konnten, waren die Stärke der Muslims. Bei den Hindus hingegen war ein Volkskrieg wegen starrer Kastenbildungen und Standesdünkel unmöglich; Landesverteidigung blieb auch in Zeiten höchster Not und Gefahr ein Privileg der elitären Ritterklasse. Weit mehr als der Sieg galt ihnen die Wahrung ihrer Rajputenehre als heiligste Pflicht. Kampfestechnik und -moral der Rajputen waren daher eine eigentümliche Mischung aus Sendungsbewußtsein, Arroganz, übersteigertem Heldentum, politischer Blindheit und zeitweiligem Großmut. Altertümlich und schwerfällig gerüstet und ohne Schlachtordnung stürzten sie sich dem Feind entgegen; angefeuert von Opium und Schnaps (Asha) steigerte sich ihre Tapferkeit bis zur Tollkühnheit. Für die Hindus bedeutete der Kampf oft Überleben, den muslimischen Herrschern war die Unterwerfung der Rajputen eher eine Prestigefrage. Unter äußerstem Einsatz konnten sich die Hinduritter zu tragischer Größe steigern und fügten dann den Muslims empfindliche Kerben zu. Der afghanische Sultan Sher Shah Sur siegte bei einem Feldzug gegen Jodhpur nur unter schwersten Verlusten. »Für eine Handvoll Hirse (gemeint ist ein kleines Land) hätte ich bald mein ganzes Reich Hindusthan verloren« klagte der Herrscher angesichts seiner Gefallenen. Mit unglaublicher Zähigkeit rafften sich die Rajputen immer wieder zu eindrucksvollem Widerstand auf, sogar als ihr Umland, Gujarat und Malwa, schon längst islamisch geworden war.

Gefangenschaft galt in Rajputenkreisen als tiefste Schmach. Frauen standen ihren Männern an Stolz nicht nach und ein Leben im Harem kam Bluts- und Rassenschande gleich. Daher begingen die Rajputen mit ihren Familien mehrmals Jauhar, die grausamste aller Rajputensitten. Bei aussichtsloser Verteidigung einer Burg stülpten die Männer ihre safrangelben Hochzeitsroben über die Ritterrüstungen, öffneten die Burgtore, stürzten dem Feind mit eingelegten Lanzen und gezückten Schwertern entgegen und kämpften bis zum letzten Mann; wer nicht auf der Walstatt blieb, beging Selbstmord. Die Frauen hüllten sich nach einem rituellen Bad in ihre Brautkleider, schmückten sich mit dem Hochzeitsgeschmeide und Blumen und schritten in feierlicher Prozession zum Scheiterhaufen. Heilige Verse singend, sprangen sie mit ihren Kindern in die Flammen und wurden zu Satis, »guten«, tugendhaften Frauen, denen in heiligen Schriften eine Wiedergeburt mit ihren Gatten im Paradies verheißen ist.

Rajputenmädchen wurden seit frühester Kindheit in strengster Disziplin nach dem Ehrenkodex erzogen und auf den heiligen Ehestand vorbereitet. In ältesten Zeiten galt Svayambara, die »Gattenselbstwahl«, als Vorrecht von Fürstentöchtern, in Wirklichkeit waren sie als Brautpreis eines Turniers ausgesetzt. Meistens waren Rajputnis jedoch ein Spielball der Politik und nicht selten wurden Mädchen ermordet, wenn die Eltern die reiche Mitgift nicht aufbringen konnten. Die Polygamie zählte seit Urzeiten zu den Vorrechten der Kriegerklasse und war ein Statussymbol. Im Mittelalter hatten Rajputenprinzen meist neun Gattinnen, manche Fürsten elf oder 16. Der politische Ausgleich mit Kaiser Akbar im späten 16. Jahrhundert setzte Rassenwahn und »Blutsreinheit« der Rajputen weitgehend ein Ende. Akbar heiratete die Tochter des Rajas von Amber, die ihm den heißersehnten Thronerben, den späteren Kaiser Jahangir, schenkte, und die Schwester des Raos von Jodhpur. Fast alle Rajputenherrscher entsandten Prinzessinnen in die Harems der Mogulkaiser und richteten in ihren Schlössern riesige Frauentrakte (Zanana) nach

islamischem Vorbild ein. Maharaja Man Singh von Amber brach mit 1500 Gattinnen alle Rekorde unter den Rajputen. Die Hofpoeten und -sänger hingegen, Bhatts und Charans, verurteilten hinduistisch-islamische Blutsmischung als schamlos und priesen weiterhin Maharana Pratap Singh von Mewar als höchstes Rajputenideal, weil er Kaiser Akbar seine Töchter verweigerte und ein Leben der Entsagung, auf dem Schlachtfeld und im Dschungel, vorzog.
Eine rajasthanische Besonderheit ist Daroga, eine eigene Kaste von Nachkommen rajputischer Konkubinen. 1949 sollen etwa 60000 Frauen aus fürstlichen Harems in Indien entlassen worden sein. Unter islamischem Einfluß wurde in Kreisen des Kriegeradels auch die Verschleierung (Pardah) üblich. Orthodoxe Rajputengattinnen verhüllen noch heute ihr Antlitz nicht nur vor Besuchern, sondern auch vor ihren Schwiegervätern. Sogar die Frauen der Bhopas, einer Straßensänger- und Schaustellerkaste, erzählen die Heldentaten des Volksheroen Pabuji Rathore nur verschleiert. Manche alte Rajputensitten sind noch heute lebendig und drangen vom Adel in verschiedene Volksschichten ein.

Sonnen-, Mond- und Feuerdynastien

Alle Rajputenclane wähnen sich göttlicher Abkunft. 36 königliche Linien, manchmal entmachtet und nur mehr Gebieter kleiner Fürstentümer, trachteten einander an Alter und Vornehmheit zu übertrumpfen, ihre Stammbäume verlieren sich aber bald in Mythen, Legenden und Widersprüchlichkeiten. Priester und Hofastrologen manipulierten in unerschöpflichem Einfallsreichtum die Genealogien der Herrscherhäuser. Exakter Geschichtsschreibung schenkten die Inder stets wenig Beachtung; der große islamische Gelehrte Al-Biruni aus Samarkand beklagte schon im 10. Jahrhundert die »märchenhafte Ausschmückung der Historie Hindusthans«. Verworrene Chronologien in phantastischen Zeiträumen entspringen dem Weltbild der Hindus; sie gehen von ewig wiederkehrenden Weltschöpfungen und -untergängen aus und messen daher einer flüchtigen Lebensspanne, festgehalten in präzisen Daten, kaum Bedeutung bei. Geschichtsschreibung beschränkte sich für die Rajputendynastien daher auf mythologisch verbrämte Beweise ihrer Herkunft aus grauer Vorzeit zur Untermauerung des Herrschaftsanspruches. Nach der »göttlichen« Gesellschaftsordnung rangieren Brahmanen, die Hüter kosmischer Geheimnisse, »Könige der Riten« und Interpreten absoluter Weisheit, theoretisch zwar vor der weltlichen Macht, die Verteidigung der Hinduwelt gegen den Islam räumte aber dem Kriegeradel den höchsten Stellenwert im Lebensablauf ein. In Rajasthan, dem klassischen Königsland, mußten sich die Brahmanen meistens dem Diktat der Regenten beugen, entfalteten sich Rittertum und Königspracht signifikant und nachhaltig zur höchsten Blüte. Anders als in weiten Teilen Indiens beherrschte feudaler Lebensstil das Königsland und prägen Burgen, Schlösser und Paläste mehr als Wirkungs- und Huldigungsstätten für Priester und Götter das Land. Kenotaphe zum Ruhme der Rajputendynastien dürften die Anzahl größerer Tempel bei weitem übertreffen.

Ihre stolzen Stammbäume führen alle Rajputenclane auf Sonne, Mond und

Feuer zurück. In der Verehrung von Naturgewalten mit heroischen Zügen lebt am eindrücklichsten das religiöse Erbe ihrer Urheimat weiter. Das Himmelsgewölbe ist Götterzelt und Tempel der Nomaden, das ehrfurchtsvoll gehütete Feuer ihr Freund und funkelnde Gestirne sind ihnen Lebensquell und Geleit. Den vergöttlichten Urgewalten der Steppe, Sonne, Mond und Feuer, blieben die Rajputen auch nach der Begegnung mit Erd- und Fruchtbarkeitsgottheiten »ur«-indischer Ackerbauern treu. Im Feuerkult zeigt sich am augenfälligsten die gemeinsame Herkunft von Indoariern und Iraniern, im weiteren Sinne ist ihre Götterwelt auch mit der griechischen und anderen indoeuropäischen verwandt. Die Gemeinsamkeit der großen indogermanischen Sprachfamilie ist in kultischen Begriffen und Götternamen oft noch sehr klar erkennbar; so heißt beispielsweise im Sanskrit der »Gott Feuer« Agni und das Feuer lateinisch ignis.

Die großen Heldenepen Mahabharata und Ramayana künden in elitärem Sanskrit von Landnahme, Stammeskämpfen und Gründung arischer Königreiche in Nordindien, dem Vordringen der Arier nach Süden und der Unterwerfung altindischer Völker. In verflossenen Weltzeitaltern, den »Silbernen« und »Kupfernen« Epochen, griffen die Götter noch ins irdische Geschehen ein, stiegen als göttliche Helden zur Erde herab und zeugten die großen Sonnen- und Mondgeschlechter. Viele Stätten in Rajasthan erinnern noch an den Erdenwandel der Götterahnen. Zu Beginn des jetzigen »Ehernen« Weltzeitalters, des schwarzen Kali-Yuga, riß die Verbindung zum Himmel ab; einzig die Rajputen hüten durch Blutsbande das göttliche Erbe.

Im Heldenepos Ramayana werden die Nachfahren der Sonne (Surya- oder Ravivamshins) verherrlicht, die in der heiligen Sonnenstadt Ayodhya im Ganges-Land Koshala residierten. Auf die Abstammung vom göttlichen Helden Rama und König von Ayodhya berufen sich drei große Dynastien Rajasthans: Die Guhilot oder Sisodia, Maharanas von Mewar und Udaipur, halten sich für Nachkommen von Ramas ältestem Sohn Lava, die Kachwaha, Maharajas und Rajas von Amber, Jaipur und Alwar, sehen in Ramas zweitem Sohn Kusa ihren göttlichen Ahnen, und die Rathore, Maharajas von Marwar, Jodhpur und Bikaner, leiten ihre Herkunft ebenfalls von Ramas jüngerem Sohn Kusa ab.

In Indiens größtem Heldenepos, dem Mahabharata (»Groß-Indien«), wird die Geschichte der Nachfahren des Mondes (Chandra- oder Somavamshins) besungen. Vom Mond stammt das weitverzweigte Geschlecht der Yadavas ab, aus dem der göttliche Held und König Krishna hervorging; alte Mondstädte waren Prayag, Mathura und Dwarka. Der Wüstenzweig der Yadavas sind die Bhatti von Jaisalmer, deren Fürsten den Titel Maharawal tragen.

Die Feuergeborenen (Agnivamshins oder Agnikula) bilden den dritten und jüngsten Zweig der Rajputenlinien. Mitte des 8. Jahrhunderts (747) zelebrierten Brahmanen unter Leitung des Weisen Vashishta auf dem Berg Abu eine berühmte Feuerzeremonie, bei der halbbarbarische Gurjara-Stämme zu Rajputen geadelt wurden. Angesichts der islamischen Bedrohung sahen sich die Brahmanen genötigt, diese kriegerischen Horden – vermutlich Söldner beim gescheiterten Dekkhan-Feldzug des Königs Lalitaditya von Kaschmir – anzuheuern. Magisches, dämonenabwehrendes Feuer und heiliges Wasser verwandelten Gurjaras zu »rassen- und kastenreinen« Rajputen, göttliche Kraft stählte sie zu Verteidigern des Hinduglaubens und priesterliche Huld teilte ihnen altes Brahmanenland als Herrschaftsgebiet zu. Vier Clane bilden den Feuerzweig der Rajputen:

Die Pratihara (auch Gurjara-Pratihara oder Parihara) erhielten vom vedischen Sturmgott Rudra das »Todesland« Marwar mit der Hauptstadt Mandore, stiegen im 9. Jahrhundert zu Kaisern Nordindiens auf und residierten seit 823 in Kanauj am Ganges.

Die Paramar (oder Pawar), geistige Söhne des Götterkönigs Indra, wurden Könige von Malwa, gründeten die Feste Chittor und beherrschten bis ins 11. Jahrhundert die südliche Karawanenroute durch die Wüste Thar in der alten Stadt Lodurva bei Jaisalmer.

Die Solanki (auch Chalukya-Solanki), Sprößlinge des Schöpfergottes Brahma, geboten über das mächtige Reich Gujarat.

Die Chauhan (oder Chahumana), Günstlinge des Himmelskönigs Vishnu, Könige von Delhi und Ajmer, waren neben den Solankis im 11. Jahrhundert die wichtigsten Verteidiger der Hinduwelt gegen die Muslims. Nach dem Fall von Delhi regierten sie Bundi, Kota und Sirohi.

Die Feuerlinien erachten sich als vornehmste aller Rajputen, da ihre Dynastien aus dem heiligen Feuer und nicht von sterblichen Weibern geboren wurden. Aus der Sicht der angeblich viel älteren Sonnen- und Mondlinien gelten sie jedoch als Emporkömmlinge.

Die Ritter des Todeslandes

Faszinierend und abweisend zugleich beherrscht das majestätische Meheran-Fort von Jodhpur seit fast sechs Jahrhunderten das Tor zum »Todesland«. Weit, hart und unerbittlich sind das Land und seine Lebensbedingungen, dehnt sich nach Westen und Norden in Fels und Sanddünen übergehende Wüstensteppe. Marwar oder Marudesh (auch Marusthali), dem kargen Land des Sandes oder Todes, entsproß ein zäher, stolzer Menschenschlag, seit Jahrtausenden Hirtennomaden oder Kleinbauern, die dem Boden durch künstliche Bewässerung wenige Anbauflächen für Hirse, Hülsenfrüchte und Chilli abgewannen.
Die eigentliche Lebensgrundlage des Todeslandes bildete seit altersher der Karawanenhandel; zwei Hauptrouten führten durch die Wüste Thar in das Industal und weiter nach Persien. Zucker, Salz, Gewürze – besonders Safran aus Kaschmir –, Seiden, Wolle, Parfüms, Edelsteine, Silber und Opium begründeten den Wohlstand der südlichen, wichtigeren Wüstenroute und ihrer alten Handelsstädte. Afghaneneinfälle verunsicherten nach der Jahrtausendwende den Weg durch den Panjab und Sindh in das Industal und chaotische Zustände brachen an, als um 1200 die afghanischen Ghoriden Nordindien eroberten. Die alten Rajputengeschlechter der Wüste, Pratiharas, Paramars und Chauhan, waren im Kampf gegen die Muslims verblutet oder befehdeten einander, Überfälle auf Karawanen und Burgen waren an der Tagesordnung, Räuberhorden beherrschten Handelsrouten und -städte.
Das Machtvakuum des Todeslandes füllten im 13. Jahrhundert die Rathore-Rajputen. Sie entstammen einem der ruhmreichsten Geschlechter Indiens, halten sich unter dem Wappen der glänzenden Sonnenscheibe für »Ravivamshins« = Kinder der Sonne, und waren als Rashtrakutas lange Zeit Herren der nördlichen Dekkhan-Halbinsel. In jahrhundertelanger Wanderung folgten sie einem gleichartigen Weg, wie er schon mehr als tausend Jahre zuvor verblüffend ähnlich im Heldengedicht Ramayana geschildert worden war. Hatte sich die Geschichte wiederholt?

Seite 53 *Zwischentor im Meheran-Fort von Jodhpur*
Über gewaltigen Wehrmauern erhebt sich das Moti Mahal, der Perlenpalast. Die prachtvollen einstigen Wohntrakte der Herrscherfamilie bergen jetzt ein Museum kostbarer Miniaturmalereien, Waffen und Prunkgewänder. An der Burgmauer ein »persisches Rad«, das nach uralten, aus dem Vorderen Orient stammendem Prinzip mit Eimerketten aus Tiefbrunnen Wasser schöpft.

Seite 54/55 *Jodhpur mit dem gewaltigen Meheran-Fort*
Stadt und Feste wurden im Jahre 1459 von Rao Jodha aus dem Sonnengeschlecht der Rathore gegründet. Chroniken zufolge soll die Burg von 100000 Arbeitern in zehnjähriger Fron erbaut worden sein. Faszinierend und abweisend zugleich thront das rote Sandsteinfort über den weiß gekalkten kubischen Häusern der Altstadt. 120 Meter hohe Wehrmauern ragen steil aus dem Sandsteinfels empor und verleihen der lagemäßig stolzesten Feste Rajasthans einen majestätischen Anblick. Als Tor zur Wüste Thar war auch die Stadt stark befestigt; die einst zehn Kilometer lange Stadtmauer blieb in weiten Teilen erhalten. Nach der Hauptstadt des Todeslandes wurde später das ganze Reich Jodhpur genannt.

Maharana Pratap Singh von Mewar

Links oben *Blick über die Altstadt von Bundi*
Das in einem Talkessel gelegene Bundi war die Hauptstadt des gleichnamigen Fürstenstaates und wurde von den Hara-Chauhan-Rajputen regiert. Die kriegerische Frühzeit spiegelt das im Jahre 1372 auf dem Bergkamm erbaute Sternenfort (Taragarh), die Paläste um den Blumensee (Phool Sagar) das friedliche 19. Jahrhundert. Örtlich wie geschichtlich dazwischen symbolisiert der halbhoch am Hang im Jahre 1580 begonnene Stadtpalast Chitra Mahal den hindu-islamischen Ausgleich unter Kaiser Akbar. Kunsthistorisch sehr wichtig sind darin einige Räume mit wandfüllenden Malereien der berühmten Miniaturschule von Bundi aus dem 16. bis 18. Jahrhundert.

Links unten *Mewars gewaltigste Festung Chittor*
Ein monumentaler Bastionenring umschließt den fünf Kilometer langen und 160 Meter hohen Tafelberg von Chittorgarh. Nach der letzten Belagerung unter Kaiser Akbar im Jahre 1567 wurden nur die Befestigungen restauriert. Vom Palast des Maharana Kumbha aus der Mitte des 15. Jahrhunderts blieben eindrucksvolle Ruinen. Unversehrt ragt der elegante, 37 Meter hohe Siegesturm (Vijaya Stambha) als Zeichen des Triumphes über den Sultan von Malwa im Jahre 1440 empor. Neun Stockwerke zeigen innen Figurenreliefs aus der Hindumythologie, bevorzugt Erscheinungsformen des Hochgottes Vishnu. Vor der anschließenden Tempelgruppe wurde das letzte Jauhar, die furchtbare Selbstverbrennung der Rajputenfrauen, vollzogen. Ein Teich am westlichen Steilabfall mit nie versiegender Quelle sicherte einst die Wasserversorgung und diente zur rituellen Reinigung vor dem Tempelgang.

Rechts oben *Burg Tana nahe Jaipur*
Die Festung Tanagarh an der Straße von Alwar nach Jaipur war lange Zeit der Grenzposten zwischen dem Sultanat Delhi und dem Hindureich von Amber und Jaipur. Im klassischen Land der Ritter gibt es Hunderte ähnlicher Zitadellen und fast scheint es, kaum einen unbefestigten Hügel.

Rechts unten *Maharana Kumbhas Festung = Kumbhalgarh*
Als unter Maharana Kumbha um 1450 der mittelalterliche Feudalstaat Mewar wieder aufblühte, entstanden etwa vierzig Burgen. Seine stolzeste Festung Kumbhalgarh liegt mehr als 1000 Meter hoch in den Aravalli-Bergen nördlich von Udaipur und war einst ein wichtiger Wachtposten gegen muslimische Einfälle aus Norden und Westen. Ein 38 Kilometer langer Bastionengürtel mit sieben Toren schützte die hochaufragende innere Burg mit dem Wolkenpalast (Badal Mahal). Das Fort erlebte wegen seiner Stärke keine ernsthafte Belagerung, fiel aber im späten 16. Jahrhundert kampflos an Kaiser Akbar. Bis vor einem Jahrzehnt nutzte die Sisodia-Familie den modernisierten Palast als Sommersitz. Gelegentliche Hotelbaupläne dürften jedoch der Realisierbarkeit entbehren.

Maharawal Gaj Singh von Jaisalmer

Seiten 60/61 *Die goldene Wüstenstadt Jaisalmer*
Am alten Fernhandelsweg vom Ganges zum Indus beherrschte Jaisalmer die Karawanenrouten durch die Wüste Thar und erlangte Reichtum aus Zöllen auf Edelsteinen, Gewürzen und Opium. Seit der Verlagerung des indischen Europahandels auf den Seeweg und der Abwanderung reicher Kaufleute in die Hafenstädte, schwand Jaisalmers Bedeutung. Durch die Grenzziehung zwischen Indien und Pakistan im Jahre 1947 geriet die Stadt endgültig in eine wirtschaftliche Sackgasse und lebt derzeit hauptsächlich von ihrer Funktion als zentraler Grenzsicherungsposten. Vorteil dieser Abgeschiedenheit ist die Bewahrung einer wunderbaren mittelalterlichen Festungsstadt aus goldfarbenem Sandstein als einzigartiges Architekturdenkmal.

Seite 62 *Tor zur Festung Jaisalmer*
Gewaltige Bastionen und nacheinander drei Tore schützen den einzigen Zugang zur Oberstadt. Der steinerne Reliefbogen in Form eines Elefantenrüssels ist ein typisch hinduistisches Schmuckelement. Darüber sind hölzerne Gitter (Toranas) angebracht, die als apotropäische Mittel Dämonen und Feinde magisch bannen und als Heilszeichen Glück, Fruchtbarkeit und Wohlstand herbeizaubern sollen. Toranas werden auch gerne auf Haus- und Stadttoren aufgepflanzt, um vom Gott Indra, dem Herrn der »himmlischen Wasser«, den heiß ersehnten Regen zu erflehen. Auf Brauthäusern sollen Toranas Böses von den Eheleuten fernhalten und Segen bescheren; während der Hochzeitsriten berührt der Bräutigam das Torana mit seinem Schwert zur Erbittung männlicher Nachkommenschaft.

Das Ramayana, Indiens zweitgrößtes Sanskritepos, erzählt vom ältesten Königsgeschlecht, den »Kindern der Sonne«. Vom Sonnengott Surya oder Ravi stammte König Ikshvaku ab, der in grauer Vorzeit die heilige Stadt Ayodhya im Lande Koshala gründete. Als im Silbernen Weltzeitalter König Rama über das Reich am Ganges gebot, drangen Mächte der Finsternis – gemeint sind altindische Stämme des Südens – in die Gefilde des Sonnengeschlechts vor und ihr Dämonenfürst Ravana entführte Ramas Gemahlin Sita durch die Lüfte. Nach vielen Abenteuern und langen Irrfahrten erreichten Rama und sein Bruder Lakshmana die Südspitze der Dekkhan-Halbinsel. Ein Heer göttlicher Affen unter Führung ihres »Generals« Hanuman erbaute in Windeseile eine Brücke, auf der die beiden Helden zur Insel Sri Lanka, dem Reich des Ravana, gelangten. Nach Sitas Befreiung kehrte Rama mit seinem Gefolge in seine Sonnenstadt Ayodhya zurück.
Der historische Hintergrund des Ramayana ist das Vordringen der Arier nach Süden und die Unterwerfung altindischer Stämme. Rama, das Urbild eines edlen Helden und Gatten, gerechten und weisen Königs, wurde als siebenter »Herabstieg« (Avatara) des Himmelskönigs Vishnu vergöttlicht. Sita, ein Leitbild an Tugend, Unterwürfigkeit und Treue, gilt als Verkörperung der Glücksgöttin Lakshmi. In der ganzen hinduistisch beeinflußten Kulturwelt, bis Hinterindien und Indonesien, sind die »Abenteuer des Rama« das beliebteste Thema der bildenden und darstellenden Künste; Tempelfriese, Malereien, Tanzdramen, Volksstücke, Puppenspiele, Epen und Gedichte erzählen das klassische oder volkstümlich und regional variierte Ramayana, Ramakien oder Ramlila.
Ähnlich wie das Sonnengeschlecht von Ayodhya einst als Hirtennomaden aus Innerasien nach Indien gekommen war, erreichten die vermutlich aus Baktrien stammenden Ahnen der Rathore um die Zeitenwende die Himalayatäler, fanden in Parlipur ihre erste Heimstatt auf indischem Boden und gingen Heiratsbande mit den Königen von Koshala ein. Wie Rama und Lakshmana zogen sie in die Vindhya-Berge und zur nördlichen Dekkhan-Halbinsel, wo sie als Rashtrakutas zwischen 750 und 950 die stärkste Machtgruppierung bildeten. Als ihre Kraft zersplitterte, kehrte ein Zweig – die nunmehrigen Rathore – nach Nordindien zurück und vertrieb im Jahre 914 die Pratihara-Kaiser aus der alten Residenzstadt Kanauj am Ganges. Allmählich verzehrte sich ihre Stärke in ständigen Fehden der Rajputenclane und 1194 mußten sie vor den Afghanen in die Wüste Thar fliehen. Von der Stadt Pali

aus drangen sie unter ihrem Führer Chonda im frühen 13. Jahrhundert nach Norden vor, verjagten die Pratihara-Rajputen, pflanzten das kaiserliche Banner von Kanauj auf die Burgzinnen von Mandore und proklamierten sich zu Herren des Todeslandes. Zweihundert Jahre lang verhinderten Kleinkriege gegen Nachbarfürsten, Wüstenstämme und muslimische Invasoren einen Aufschwung Marwars, bis endlich im 15. Jahrhundert die erste Blütezeit einsetzte. Die Zersplitterung des Sultanats Delhi band Streitkräfte in weiten Landesteilen und im Schatten der Muslimkämpfe konnten zwei Rajputenreiche, Marwar und Mewar, den mittelalterlichen Feudalstaat erneuern. Rao Jodha, einer der markantesten Rathore, erweiterte die Reichsgrenzen von Marwar durch zahlreiche Eroberungen und sicherte die Kontrolle über die südliche Karawanenroute. Zölle und Handel bildeten die finanzielle Grundlage seiner Reichsfestung. 1459 gab er die kleine Stadt Mandore auf und ließ direkt am Eingang zur Wüste die »Stadt des Jodha« = Jodhpur, einige Stauseen und auf den angrenzenden Sandsteinketten das gewaltige Meheran-Fort anlegen. Rao Jodhas 14 Söhne teilten sein Erbe in mehrere Fürstentümer, wie Pokaran, Nagaur, Kishangarh, Merta, Barmer, Pugal, Idar, Ratlan etc. Diese locker verbundenen Kleinstaaten schloß Rao Maldeo (1532–1562) im Widerstand gegen die junge Moguldynastie zum Großreich Marwar oder Jodhpur zusammen. Marwar, neben Mewar der bedeutendste Rajputenstaat, konnte lange den Mogulen trotzen und führte 16 Jahre Krieg gegen Kaiser Akbar, ging aber dann doch Bündnisse und Blutsbande mit ihm ein. Udai Singh von Jodhpur verheiratete erst seine Schwester Jodha Bai mit Akbar, dann seine Tochter mit Prinz Salim, dem späteren Kaiser Jahangir, und ein hundertjähriger Friede sicherte die Blüte Jodhpurs. Der letzte Mogulkaiser Aurangzeb (1658–1707) überzog als fanatischer Muslim die Hindureiche neuerlich mit Krieg, führte wieder die harte Kopfsteuer für Nichtmuselmanen ein und annektierte mehrere Rajputenreiche. Stolz und Haß der Rathore flammten erneut auf. Nach einer verlorenen Schlacht gegen den Kaiser erwartete die wenigen Heimkehrer – von 8000 Rajputen überlebten nur 600 – in Jodhpur nur maßlose Verachtung. Die Maharani schlug vor ihrem Gatten Jaswant Singh die Türe mit den Worten zu: »Wenn Du nicht siegen konntest, warum bist Du nicht mit Deinen Helden gestorben? Ein Feigling darf meine Gemächer nicht betreten!«

Nach 25jährigem Freiheitskampf im Bündnis mit den Sisodias von Mewar erlangte Jodhpur erst nach Aurangzebs Tod für kurze Zeit die Unabhängigkeit. Bald danach – im Jahre 1734 – hatte das Land schwere Hungersnöte und den Einfall der Marathen zu ertragen. Dieses zähe Bergvolk von den Westghats südlich von Bombay war unter ihrem Führer Shivaji im Widerstand gegen Aurangzeb erstarkt und drang nach des Kaisers Tod energisch nach Norden vor. Jodhpur wurde der Marathen-Dynastie der Sindhias von Gwalior tributpflichtig, bis durch den Vertrag mit den Briten im Jahre 1818 die beste Zeit für die Rathore anbrach.

Aus dem Reich Jodhpur ging als zweitwichtigster Machtfaktor des Todeslandes der Staat Bikaner hervor. Rao Bika, einer der 14 Söhne des Rao Jodha, brach mit einer kleinen Streitmacht zum »Schutz« des Handelsverkehrs in die nördliche Wüste Thar auf. Nach längeren Kämpfen überwältigte er den Wüstenstamm der Jats und die Bhatti-Fürsten von Pugal und legte im Jahre 1488 den Grundstein zu Bikaner, der Stadt seines Namens. Am Schnittpunkt der Karawanenrouten von den Himalayatälern in den Panjab und das Industal gelegen, brachten Abgaben und Kamelzucht Bikaner rasch Wohlstand ein. Von ihrer Blüte künden wie am Rathore-Stammsitz Jodhpur zahlreiche filigranartig durchbrochene Sandstein-Fassaden an Fürsten-Palästen und Bürgerhäusern (Havelis) reicher Marwari-Kaufleute.

Bikaner blieb dank seiner Abgeschiedenheit ebenso wie Jaisalmer von Plünderungen während der Marathenkriege verschont. Zur Sicherung ihrer Unabhängigkeit und Erlangung hoher Positionen am Mogulhof und nach 1818 in britischen Diensten schlossen die Rathore dennoch mehrere Verträge. Höchstes Ansehen und englischer Adelsrang ward Maharao Sir Ganga Singh (1889 – 1942) nicht nur für seine militärischen Leistungen, wie die Aufstellung des berühmten Kamelcorps Ganga Rissala, zuteil. Auf seiner Initiative beruht noch eines der stolzesten indischen Entwicklungsprojekte: die Umleitung der Himalaya-Flüsse in den Ostpanjab und nach Rajasthan. Der 450 Kilometer lange Rajasthan-Kanal soll nach seiner Fertigstellung 13 000 Quadratkilometer Wüste, eine Fläche von mehr als der Größe Tirols oder fast Schleswig-Holsteins, bewässern und einen Jahresertrag von etwa drei Millionen Tonnen Getreide erbringen. Die Kostenaufbringung von schätzungsweise 500 Millionen US-Dollar verzögerte den Abschluß des Kanals, der nun für 1986 erwartet wird.

Im Gegensatz, ja sogar als Ergänzung zum materialaufwendigen Großprojekt, erlebt Rajasthan, besonders der Bikaner-Distrikt, derzeit eine sehr erstaunliche Wirtschaftsentwicklung: die Rückkehr der Kamele. Jahrhundertelang bildeten sie als genügsame Tragetiere die Basis des Fernverkehrs durch die rajasthanische Wüste. Seit Eisenbahn und Kraftfahrzeuge Karawanen ablösten und durch die Abtrennung Pakistans aller Transithandel versiegte, ging die Kamelnutzung stark zurück. Nur mehr die Armee brauchte Kamelreitercorps zur Grenzsicherung, und alljährlich gehören ihre nostalgisch geschmückten Schwadronen zur Militärparade des Republikstages in Delhi.

Als eines Tages ein findiger Schlosser einen leichten Karren mit ausgedienten Flugzeugpneus bereifte, ließen sich plötzlich Kamele als Zugtiere nutzen, weil die Räder im Sand nicht mehr versanken. Seither können Bauern Dromedare gleichermaßen zum Pflügen und Ernten, wie auch im ländlichen Verkehr einsetzen. Womit sollten sonst die vom Kanal gewonnenen Neulandgebiete bearbeitet werden? Im Entwicklungsland Indien ist die Arbeitsleistung aller Zugtiere etwa der bisherigen Kraftwerkskapazität gleichzusetzen und deshalb kauft Rajasthan weltweit alte Flugzeugräder auf!

Nahe Bikaner wurde vor einigen Jahren eine staatliche Kamelzuchtfarm eingerichtet, um die Dörfer nach wissenschaftlichen Methoden mit Fachkenntnissen und Zuchtvieh zu versorgen. Jeden Morgen ziehen die Herden hinaus in die Wüste, sorgsam getrennt nach trächtigen Stuten und Muttertieren mit Fohlen. Bei ihrer abendlichen Heimkehr zeichnen lange Ketten wiegender Dromedarköpfe und -höcker vor die rotglühende Scheibe der untergehenden Sonne das unvergeßliche Wappenbild des Todeslandes.

Die Feuerheroen vom Berg Abu

Geboren aus dem magischen Feuer auf dem Berg Abu und gestählt mit göttlicher Kraft wurden die Chahumanas oder Chauhan zu gewaltigen Streitern des Hinduglaubens. Chaturbhuja, der »Vierarmige«, übernatürlich starke Himmelskönig Vishnu, verlieh ihnen Namen und Land. Bald stiegen die Chauhan zu einem der mächtigsten Geschlechter Indiens auf, geboten einst über Delhi und fast ganz Rajputana, sanken zur Bedeutungslosigkeit herab, erlebten erneut glanzvolle Auferstehung und kehrten nach langen Irrfahrten zu ihrem Ursprung, den Feuerteich auf dem heiligen Berg Abu, zurück.

Götter und Priester hatten den Chauhan als Stammgebiet die Salzwüste um Sakambhari (Sambhar) zugewiesen, wo das begehrte »weiße Gold« in großem Umfang gewonnen wird. Im 8. Jahrhundert errangen sie die Herrschaft über den wichtigsten Ost-West-Durchgang der nördlichen Aravalli-Berge. Zur Sicherung und Kontrolle dieser Engstelle errichtete der Chauhan-Häuptling Ajapala (der »Ziegenhirt«) das Sternenfort (Taragarh) auf dem Ajaya Meru, dem »Unbesiegbaren Berg«. Antagonistisch waren aber gerade der Unbesiegbare Berg und die später nach ihm benannte Stadt Ajmer ein stets heißumfehdeter Zankapfel. Ajmer, das Tor von der westlichen Wüste zum fruchtbaren Ostrajasthan, nahm eine strategische Schlüsselposition ein, um deren Besitz Rajputen-, Muslim- und Marathen-Dynastien stritten. Im 16. Jahrhundert diente Ajmer dem Mogulkaiser Akbar als Basislager zur Unterwerfung von Mewar und Jodhpur, zwei Jahrhunderte später eroberten die Marathen die Stadt und im Jahre 1818 übergab sie der Sindhia-König von Gwalior den Briten. Die Engländer wußten das günstige Klima und die reizvolle Lage zu schätzen und legten die großzügig durchgrünte Neustadt an. Weit über die Grenzen Rajasthans hinaus berühmt ist das Mayo-College, eines der vornehmsten Institute Indiens, an dem die meisten Rajputenprinzen ihre Ausbildung genossen.

Von Ajmer aus eroberten die Chauhan-Rajputen im 11. Jahrhundert die

»Schlangenfestung« (Nagardurg) Nagaur zur Sicherung ihrer Salztransporte durch die Wüste, vertrieben die Tomara-Rajputen aus Dillika (Delhi) und errangen neben den Solanki-Königen von Gujarat eine Vormachtstellung unter den Rajputen.

Der berühmteste Chauhan-König, Prithvi Raj III. – bekannt als Rai Pithora – führte im Jahre 1192 das gewaltige Heer aller Rajputenclane in die Schicksalsschlacht von Tarain. Ihre vernichtende Niederlage vor den Toren Delhis leitete die etwa 600jährige islamische Oberhoheit über Indien ein.

Prithvi Raj ist der Held des ältesten Rajputenepos. Sein Hofpoet Chand Bardai besang Ruhmestaten und Brautraub seines Herrn und Barden maßen den Chauhan ein riesiges Herrschaftsgebiet bis Golconda auf dem Dekkhan zu. Chand Bardai fiel zwar an der Seite des Königs in der Schlacht von Tarain, doch spätere Generationen vollendeten das umfangreichste Ritterepos Prithvi Raj Rasan. Der tollkühne Brautraub des Prithvi Raj ist eine der bekanntesten Geschichten Rajasthans. Sanyukta, die Tochter des Rathore-Herrschers von Kanauj, war in Liebe zu ihm entflammt, doch ihr Vater verwehrte seinem Erzfeind die Teilnahme am Turnier zur Erringung der Braut. In einem verwegenen Handstreich entführte Prithvi Raj die Prinzessin und jagte mit ihr durch Nacht und Sturm nach Delhi. Wie von Geisterhand geleitet, übersprang sein Roß mühelos jede Schlucht, aus den Hufen sprühten Funken und schlugen die Verfolger in die Flucht. Vorbilder für das Kavaliersdelikt des Brautraubes sind in den großen Epen zu lesen; so entriß beispielsweise der göttliche König Krishna seinem Widersacher, dem Fürsten von Chedi, die Prinzessin Rukmini am Hochzeitstag. Sanyukta, die treue Gattin des Prithvi Raj, ließ sich auf dem Schlachtfeld von Tarain an seine Leiche binden und mit ihm verbrennen.

Nach dem Fall ihrer Königsstadt Delhi (Qala Rai Pithora) flohen die Chauhan-Rajputen auf die gewaltige Festung Ranthambor (das alte Ranastambhapura), neben Chittorgarh das wichtigste Bollwerk Ostrajasthans. In zähen Kämpfen unterwarfen sie Haravati oder Hadoti, das alte Land der Bhil- und Mina-Stämme. Haravati ist ein großes Plateau fruchtbarer Schwarzerdeböden zwischen den Bana-Hügeln und dem gewaltigen Chambal-Fluß im Osten. Rao Deva gründete 1241 die Stadt Bundi, benannt nach dem Mina-Häuptling Bunda; seine Nachfolger legten den Grundstein zur Stadt Kota, die ihren Namen vom Bhil-Führer Kotia ableitet. Bundi und Kota sind Keimzellen und Hauptstädte der gleichnamigen Rajputenreiche, die von zwei Linien

der Chauhan, den Haras oder Hara-Chauhan, bis 1947 regiert wurden. Ranthambor, die stolzeste Festung des Landes, fiel während des Kriegszuges des Sultans Ala-ud-Din Khilji von Delhi im Jahre 1302 durch Verrat. Von dieser Niederlage konnten sich die Chauhan nur mehr schwer erholen und erlitten weitere Gebietsverluste, vor allem aus den eigenen Rajputenreihen; Mitte 15. Jahrhundert annektierte Maharana Kumbha von Mewar seinen Nachbarstaat Bundi. Erst der Ausgleich mit den Mogulkaisern leitete um 1600 eine Blütezeit ein. Berühmt ist die Malschule von Bundi, aus der vorzügliche Miniaturen hervorgingen, die indische, britische und überseeische Museen zieren. Eine Besonderheit Bundis sind seine reichgeschmückten Stufenbrunnen (Baoris), deren Tiefgeschosse auch während der heißen Jahreszeit kühles Wasser bereithalten; Konzeption und aufwendige Steinmetzarbeiten der Baoris ähneln den Tiefbrunnen Gujarats. Zwischen Bundi und Kota erinnern zahlreiche Jagdschlösser an die Leidenschaft der Fürsten für Tiger- und Leopardenjagd. Attraktion eines großen Wildreservats bei Ranthambor sind majestätische Königstiger.
Eine Linie der Chauhan-Rajputen war nach der Niederbrennung Ranthambors in die westliche Wüste Thar geflohen und eroberte die alten Paramar-Städte Kiradu und Jalore im »Mondland« (Chandravati). Im 15. Jahrhundert ließen sich die Deoras oder Deora-Chauhan im Fürstentum Sirohi in der Nähe des Abu-Massivs nieder. So war das ruhmreiche Geschlecht der Chauhan nach langen Irrfahrten an seinen Ursprung, den heiligen Berg Abu, zurückgekehrt.

Die Heldenfestung Chittor

Weit über die Grenzen Rajasthans hinaus gilt die Feste Chittor = Chittorgarh als Symbol des heldenhaften Widerstandes der Rajputen gegen die Muslims. Kein anderes Bollwerk Rajasthans war so oft und heiß umkämpft und erlebte so viele vernichtende Niederlagen und glorreiche Auferstehungen. Dreimal begingen alle Bewohner der Burgstadt die grausame Sitte des Jauhar, blieben Tausende Ritter auf dem Schlachtfeld und sprangen Frauenscharen zur Wahrung der Rajputenehre in die Flammen. Fahrende Sänger und Mimen verherrlichen noch heute die Tragik Chittors, eine Geschichte von Blut und Feuer, als Hohelied stolzen Rittertums.

Schon die Landschaft unterstreicht den strengen Wehrcharakter der Festung und die gnadenlose Härte ihrer Vergangenheit. Aus einer wenig fruchtbaren Ebene im südöstlichen Mewar ragt ein langgestreckter, kahler Tafelberg auf. Seine Steilabfälle hält ein gigantischer Bastionenring umklammert, über dem ein hoher Siegesturm als steinerner Blutzeuge in den Himmel weist.

Die Gründung der ersten Burg wird dem Pandava-Prinzen Bhima (oder Bhimsena), einem der Helden des Mahabharata, zugeschrieben. Auf alten Münzen und Inschriften erscheint sie als Chittrakut, der »Hügel des (Prinzen) Chittra(ng)«, woraus sich der heutige Name ableitet. Im 8. Jahrhundert (738) entriß Bappa Rawal aus dem Guhilot-Clan die Feste Chittor den »Mori«-Prinzen von Malwa; gemeint sind die Paramar-Rajputen, die sich als vermeintliche Erben der Maurya-Kaiser auch »Mori« nannten. Als stärkste Festung zwischen den östlichen Aravallis und dem Malwa-Plateau war Chittor von den angrenzenden Rajputenfürsten stets heiß umfehdet, wechselte mehrfach den Gebieter und ging Mitte des 12. Jahrhunderts in Guhilot-Besitz über. Im frühen 14. Jahrhundert begann das unerbittliche Ringen gegen die Muslims. 1303 legte Ala-ad-Din Khilji, der mächtige Sultan von Delhi, nach Eroberung der Feste Ranthambor auch Chittorgarh in Schutt und Asche. Volkstümliche und höfische Legenden erzählen von der »Lotoskönigin« Pad-

Seite 71 *Ravanhatha-Spieler im Palast von Amber*
Rajasthan pflegt eine reiche Tradition an volkstümlicher und höfischer Poesie, Musik und Tanz. Wie andere Berufsgruppen sind auch Musiker in Kasten unterteilt und gliedern sich nach Art der benutzten Instrumente, den religiös, ethnisch und ständisch unterschiedlichen Zuhörerkreisen sowie den vorgetragenen Liedthemen, meist Heroengeschichten und Liebesromanzen. Die Ravanhatha gehört neben der Sarangi und Kamayacha zu den beliebtesten Saiteninstrumenten. Zierde und Schutz zugleich ist der für rajasthanische Männer typische Turban.

Seite 72 *Prozessionselefant in Jaipur*
Während der Feudalherrschaft wurden mehrmals jährlich große Prozessionen mit festlich geschmückten Elefanten und mehrstöckigen Prunkkarossen veranstaltet. Berühmt waren die Umzüge an Feiertagen der Maharaja-Dynastie der Kachwahas und anläßlich der Jahresfeste wie Gangaur, Tij und Dassehra. Mit reduziertem Pomp, aber immer noch eindrucksvoll, wiederholen sie sich alljährlich zum Tij-Fest im August. Das Tripolia-Tor im Hintergrund leitet von Süden her in das Palastviertel.

Seite 73 *Palast der Winde (Hawa Mahal) in Jaipur*
Um den Haremsdamen ungesehen die Beobachtung der Prozessionen zu ermöglichen, wurde Mitte des 18. Jahrhunderts an der östlichen Palastseite eine fünfstöckige Zuschauerempore erbaut. Kleine Erker (Jharokhas) und Fensterchen mit Bangaldardächern und feinem Maßwerk gliedern die teils nur meterdicke Schauwand. Zusätzlichen Reiz verleihen ihr glitzernde Messingspitzen auf den Miniaturdächern, weiße Konturlinien und Ornamente auf der vom Stadtgründer einheitlich für alle Gebäude der Stadt ziegelrot (fälschlich oft als rosa bezeichnet) vorgeschriebenen Fassadenfarbe. Der Name »Palast der Winde« beschreibt die Kühlung, die der durch Gitter und Fenster fächelnde Ostwind erzeugt. Das Hawa Mahal ist Jaipurs Wahrzeichen und dürfte nach dem Taj Mahal in Agra das meistphotographierte Bauwerk Indiens sein.

Links oben *Ostseite des Palastes von Amber*
Maharaja Man Singh ließ um 1600 im Tal von Amber unterhalb der schützenden Festung Jaigarh mit dem Bau eines neuen Palastes beginnen. Der wuchtige, fensterlose Unterbau erinnert an die Wehrfähigkeit hinduistischer Burgen; Wohntrakte und Einrichtung bilden eine Synthese aus Hindu- und Mogul-Kunst. Nach Art persischer Gärten wurde inmitten des Maota-Sees, der städtischen Wasserreserve, der Dilaram-Garten mit einigen Pavillons angelegt.

Links unten *Ganesha-Tor im Palast von Amber*
Das Tor zum inneren Palastbereich wurde um 1700 unter »Mirza Raja« im indo-islamischen Mischstil erbaut. Während das Dach als rein hinduistisches Gewölbe mit Lotoskranz und »Kopfjuwel« (Dachaufsätzen) ausgeführt wurde, folgt die Fassadengestaltung mit Eingangsliwan, Stalaktitnischen, Mihrabbögen, Floral- und Ornamentalbemalung islamischen Vorstellungen. Der elefantenköpfige Gott Ganesha über dem Eingang ist als Patron von Klugheit und Wohlstand ein beliebtes Hausidol.

Prozessionselefant

Islamische Gebetsnische (Mihrab)
mit Pflanzenornament

Rechts *Spiegelpalast (Shish Mahal) im Palast von Amber*
Nach dem Vorbild der Mogulresidenzen in Delhi, Agra und Lahore ließ »Mirza Raja« Jai Singh I. um 1700 seinen Wohnpalast bauen. Spiegelverkleidungen, insbesondere Mosaiken aus konvexen Spiegelstücken in Vasen-, Blumen- und Ornamentform, sind typisch für die indo-islamische Feudalkunst. Von persischen Palästen wurden islamische Schmuckdetails, wie Stalaktitdecken und -friese, flacon- und weinkrugartige Stucknischen, Kiel- und Eselsrückenbögen, entlehnt.

Seite 78 *Rambagh-Palast in Jaipur*
Der Neue oder Rambagh-Palast war die letzte Hauptresidenz unter den zahlreichen Schlössern der Könige von Jaipur aus der Kachwaha-Dynastie, die zu den reichsten Großkönigen Indiens zählen. Der Palast mit weitläufigem Park und Schwimmhalle wurde von der Familie als Luxushotel verpachtet. Lichterketten gehören in Indien zur Umrahmung festlicher Gelegenheiten wie Sommerparties und Nobelhochzeiten.

Seite 79 oben und unten
Stadtpalast des Maharajas von Jaipur
Von 1727 bis 1947 war der Stadtpalast die Residenz der Könige von Jaipur. Derzeit wird nur noch der zentrale Mondpalast von der ehemaligen Herrscherfamilie bewohnt; einige Hallen und Höfe des riesigen Stadtpalastes bergen kostbare Sammlungen von Prunkwaffen, Miniaturmalereien, Schmuck, Musikinstrumenten und höfischen Gewändern.
Vier buntbemalte Eingänge leiten auf den einstigen Haremshof; das schönste Tor ziert das königliche Wappentier, der Pfau.
Der Zugang zum Diwan-i-Am, der öffentlichen Audienzhalle nach islamischem Vorbild, führte durch ein prächtiges, von Steinelefanten flankiertes Marmortor. Die früheren Palastwächter wurden samt roten Turbanen in staatliche Dienste übernommen.

Seite 80 *Hochzeitsempfang im Rambagh-Palast*
Hochzeiten gelten auch im modernen Indien als wichtige gesellschaftliche Gradmesser. Die Brauteltern haben alle Kosten für Beherbergung, Bewirtung und Unterhaltung einer oft großen Gästeschar bei mehrtägigen Hochzeitsriten und dem anschließenden Gratulationsempfang zu tragen. Der Rang einer Familie wird nach der von der Braut präsentierten Goldmenge bewertet.

mini, der Gattin des Burgherrn Ratan Singh aus dem singhalesischen Königshause von Sri Lanka (Ceylon). Sultan Khilji nützte die vielgepriesene exotische Schönheit Padminis, um heiße Liebesglut und verzehrendes Verlangen nach ihr vorzutäuschen. Nach mehrmonatiger Belagerung Chittors sandte er an Ratan Singh die Botschaft, er wolle die Burg verschonen, wenn er Padmini nur einmal sehen dürfe. In seiner verzweifelten Lage ging der Burgherr auf den Vorschlag ein, geleitete den Sultan zum Palast seiner Gattin und gestattete ihm, sie beim Bad in einem Spiegel zu bewundern. Vor Verlassen des Burgtores überfiel die Eskorte des Sultans den gutgläubigen Ratan Singh und legte ihn in Ketten. Padmini versuchte nun ebenfalls durch List und Tükke, ihren Gatten zu befreien und begab sich mit ihrem Hofstaat zum Zelt des Sultans. In 800 Prunksänften saßen jedoch keine Damen, sondern bewaffnete Ritter, die Ratan Singh befreien sollten. Erbost über Padminis Schläue und seine Blamage gab Sultan Khilji den Befehl zur Erstürmung Chittorgarhs. Siegespreis und Genugtuung blieben ihm jedoch versagt, denn Padmini sprang mit 3000 Frauen im Kellergewölbe ihres Palastes in die Flammen und die Rajputen kämpften bis zum letzten Mann.
Nach der vernichtenden Niederlage gegen Ala-ad-Din Khilji erlebte Chittorgarh im 15. und frühen 16. Jahrhundert glanzvolle Auferstehung. Gestützt auf Erträge des Opiumanbaues und -handels und auf die Finanzkraft reicher Jaina-Kaufleute erneuerte Maharana Kumbha im Schutze der abgeschiedenen Aravallis und Banas den mittelalterlichen Feudalstaat Mewar. Kumbha (1431 – 1469) war einer der markantesten Rajputenherrscher, ein großer Krieger und Bauherr, er okkupierte die angrenzenden Rajputenstaaten, besiegte den Sultan von Malwa und ließ etwa 30 Burgen errichten. Trotz der Wiedererstehung und Erstarkung Mewars trägt die Regentschaft Maharana Kumbhas den Keim des Unterganges in sich. Besessen von der Ausweitung der Hausmacht seines Clans, der Guhilot-Sisodia-Rajputen, versäumte er die Schaffung einer gemeinsamen Phalanx gegen die Muslims. Maßloser Stolz ließ ihn politisch blind werden; so schenkte er beispielsweise dem Sultan von Malwa nach sechsmonatiger Haft die Freiheit, ohne Tributzahlungen zu verlangen. Maharana Kumbha wurde von seinem Sohn und Nachfolger ermordet. Giftanschläge und Meuchelmorde waren zwar keine Seltenheit an Rajputenhöfen, aber gerade die Sisodias, die vornehmste und arroganteste aller Rajputensippen, haben neben ihrer Herkunft vom Sonnengott im glorreichen Stammbaum auch Mörder und Feiglinge vorzuweisen.

Unter Maharana Sangram schloßen sich die Rajputen notgedrungen zu einer Föderation zusammen, die 1527 vom ersten Mogulkaiser Babur bei Bharatpur vernichtend geschlagen wurde. Geschwächt durch den Verlust der besten Ritter konnte Chittorgarh, nunmehr Hauptstadt der vereinigten Rajputen, wenige Jahre später (1534) dem fähigen Sultan Bahadur Shah von Gujarat und Malwa nicht trotzen. Wiederum priesen Legenden und Balladen den furchtbaren Untergang Chittorgarhs. Königinmutter Rani Jawahar Bai, eine gebürtige Rathore-Prinzessin, focht in den Reihen der Ritter. 32000 Rajputen sollen gefallen sein und 13000 Frauen unter Leitung von Rani Karnavati den Scheiterhaufen bestiegen haben; beide Zahlen sind wohl weit übertrieben.

Jahre später war der Stolz der Sisodia-Rajputen noch nicht gebrochen und sie weigerten sich hartnäckig, mit Kaiser Akbar Frieden zu schließen und Blutsbande einzugehen. Vier Monate lang leiteten die Fürsten Jaimal Rathore und Patta Sisodia die heldenhafte Verteidigung von Chittorgarh, dann gab der Kaiser 1567 den Befehl zur Erstürmung der »stolzesten Festung ganz Hindusthans«. Wiederum, zum drittenmal, verübten alle Rajputen mit ihren Familien Jauhar, der Rest wurde hingerichtet. Maharana Udai Singh war jedoch aus der belagerten Burg in seine Seen- und Palaststadt Udaipur geflohen, ein Schandfleck in der Ruhmesgeschichte der Sisodias, den sein Sohn und Nachfolger Maharana Pratap Singh (1572 bis 1597) auszumerzen suchte. Pratap Singh, neben seinen Vorfahren Kumbha und Sangram der markanteste Sisodia-Krieger, gelobte in heiligem Schwur die Rückeroberung von Chittor, verachtete jeden Luxus und verbrachte sein Leben in Wäldern und am Schlachtfeld. In jahrzehntelangem Guerilla-Krieg gegen Kaiser Akbar konnte er große Teile Mewars zurückerobern, wurde von seinem Schlachtroß Chetak aus der Schicksalsschlacht von Haldighat auf wunderbare Weise gerettet, aber sein hehrstes Ziel blieb ihm versagt. Seine Nachfolger zogen das prunkvolle Hofleben in Udaipur der Wiedergewinnung ihrer Heldenstadt vor. Chittor wurde zwar teilweise wieder aufgebaut, sank jedoch zur militärischen Bedeutungslosigkeit herab, blieb aber als Freilichtmuseum rajputischer Baukunst und Mahnmal erhalten. Alljährlich pilgern Angehörige des Sisodia-Clans zu Gedenkfeiern an den Chattris ihrer ruhmreichen Ahnen.

Den einzig warmherzigen und liebenswürdigen Akzent in der blutgetränkten Geschichte Chittorgarhs setzte die Rajputenprinzessin Mira Bai, die wohl populärste Dichterin Indiens. Dem Rathore-Geschlecht von Merta entstam-

Seite 89 *Sonnenemblem am Stadtpalast in Udaipur*
Unter allen Rajputenclanen gilt das Sisodia-Geschlecht, die Maharanas von Mewar, als älteste Sonnenlinie und trägt den stolzen Beinamen Hinduvan Surya, die »Sonne der Hindus«. Das vishnuitische Stirnmal auf der vergoldeten Kupferscheibe erklärt ihre Abstammung von den mythischen Königen der Sonnenstadt Ayodhya; denn Rama, der Held des Ramayana und Herrscher von Ayodhya, wird als siebente Inkarnation (Avatara = Herabstieg) des Himmelskönigs Vishnu und Ahnherr der Sonnengeschlechter verehrt. Elefantenrüsselkonsolen unter der glitzernden Sonnenscheibe sind typische Schmuckelemente der Hindukunst.

Seite 90/91 *Abendstimmung auf der Insel Jag Mandir*
Kleine Inseln im künstlich angelegten Pichola-See an der Westseite von Udaipur dienten der Maharana-Familie zum erquicklichen Sommeraufenthalt. Auf Jag Mandir wurden um das Jahr 1620 herrliche Gärten angelegt und luftige Kolonnaden errichtet, an denen die Verschmelzung von Hindu- und Muslimkunst sichtbar wird. Zeitweilig fand Kronprinz Khurram, der spätere Mogulkaiser Shah Jahan, auf der Insel Zuflucht, als er gegen seinen Vater Jahangir erfolglos rebellierte. Im Hintergrund liegt die Insel Jag Niwas mit dem luxuriösen Lake Place Hotel. Durch Verbindungstrakte zwischen Pavillongruppen aus der Mitte des 18. Jahrhunderts entstand eines der schönsten Hotels in Asien. Am östlichen Seeufer begrenzt die weiße Fassade des monumentalen Stadtpalastes das zauberhafte Panorama.

Magisches Diagramm an Hauswänden

Das Hakenkreuz (Swastika) ist ein uraltes Sonnen- und Heilszeichen.

Links oben und unten *Türschmuck in Udaipur*
Wandmalereien an Palästen und Bürgerhäusern sind in Zentral-, Süd- und Ostrajasthan weit verbreitet. Verschiedene Ornamente, Symbole und Volksgottheiten sollen nicht nur die Eingänge verschönern, sondern gleichzeitig Unheil von den Bewohnern abwenden sowie Glück, Wohlstand und Gesundheit bescheren. Beliebte Segens- und Fruchtbarkeitszeichen sind Lebensbäume und Vasen als »Krug der Fülle«. Die Grenzen zwischen volkstümlicher und höfischer Malerei sind thematisch wie auch qualitativ oftmals fließend.
Typisch für Udaipur sind Hochzeitsmalereien, die bei neuen Vermählungen aufgefrischt werden. Das Pferd versinnbildlicht die vom göttlichen Ahnherrn Rama vorgelebten Tugenden des furchtlosen Kriegers, weisen Königs und fürsorglichen Ehemannes, der Elefant die nach dem Vorbild seiner Gattin Sita zu übende weibliche Unterwürfigkeit und treue Gattenliebe.

Rechts oben und unten *Wandmalereien im Palast von Bundi*
In den Rajputenresidenzen entwickelten sich ab dem 16. Jahrhundert Zentren für Wand- und Miniaturmalereien. Die älteste Schule von Mewar orientierte sich ursprünglich am Vorbild mittelalterlicher Palmblattmalereien jainistischer Klöster Gujarats. Nach 1600 wurden Wand- und Buchmalerei der Schulen von Jaipur, Alwar, Kishangarh, Jodhpur, Bikaner und Bundi von persischen Ateliers an Mogulhöfen inspiriert. Vorzügliche Miniaturen aus Rajasthan, besonders von Bundi, zieren indische und ausländische Museen.
Die Malereien im Chitra-Mahal-Palast der Hara-Chauhan-Dynastie von Bundi stammen aus dem 18. Jahrhundert und zeigen Szenen aus den Krishna-Mythen und Elefantenkämpfe auf zart türkisfarbenem Hintergrund.

Rechts unten *Krishna-Motiv im Palast von Bundi*
Unter einem Baum spielt der Hirtengott Krishna mit seiner Flöte zum Reigentanz auf; die ganze Natur, Menschen und Tiere, nehmen verzückt an der Erscheinung des Gottes teil. Krishna ist die achte Inkarnation des Hochgottes Vishnu, der periodisch zur Wiederherstellung von Moral und Ordnung zur Erde herabsteigt und letztlich die Lebewesen erlösen wird. Die volkstümlichen Schilderungen von Krishnas Jugend im Hirtenmilieu von Mathura erfreuen sich größter Beliebtheit bei den Volksmassen und inspirierten Dichter, Sänger, Bildhauer und Maler. Wie alle heiligen Schriften Indiens sind auch die Krishna-Legenden in einer tiefgründigen Symbolsprache abgefaßt: So versinnbildlicht die Flöte den Menschen, der durch den Odem Gottes belebt wird. Die Hirtinnen, besonders Krishnas Favoritin Radha, verkörpern die Seelen, die Gott in Liebe anhängen, der Baum ist Zeichen des Lebens und der Erkenntnis, die Kühe zeigen Krishna als Schützer der Kreaturen.

Seite 96 und 97 *Hochzeitsriten in Kota und Bikaner*
Sechzehn religiöse Zeremonien (Samskaras) begleiten das Leben eines jeden Hindu von der Empfängnis bis zum Tod; zentrale Bedeutung kommt dabei der Heirat zu. Die Hochzeit besteht aus einer langen Kette von Feiern, abwechselnd im Hause der Braut und des Bräutigams unter Beteiligung der ganzen Sippe und vieler Freunde. Nach grundsätzlichem Einverständnis der Elternpaare und zähem Feilschen über die Höhe der Mitgift vollzieht sich der Austausch symbolhaltiger Geschenke, beispielsweise der Kindersegen verheißenden Kokosnuß.
Auf einem prächtig geschmückten Pferd reitet der verschleierte Bräutigam zum Haus der Braut, um von der Schwiegermutter Stirnmal und Segen zu empfangen.
Zur wechselseitigen Begrüßung werden Girlanden aus Blumen, kleinen Geldscheinen und Zuckerwerk überreicht. Als Höhepunkt der alt-arischen Hochzeitsriten umschreitet das Brautpaar siebenmal das mit Mangoholz entzündete heilige Feuer; priesterliche Hymnen und ein Guß gesegneten Wassers verbinden sie in Ewigkeit.

Seite 98 *Pfau aus Glasmosaik im Palast von Udaipur*
Mit buntschillernden Rädern begrüßen die stolzen Mayura die Labsal des Jahres, den lebensspendenden Monsunregen. Fruchtbarkeit und Wohlstand brachte einst die erste indische Reichseinigung durch die »Pfauen«-Dynastie (Maurya). Pfauen bedeuten daher den Rajasthanis mehr als nur ein höfisches Wappenbild.

Der Pfau verheißt als königliches Emblem Wohlstand.

JAY NARAIN GOODS TRANSPORT SERVICE
जेनारायन गुड्स ट्रांसपोर्ट
New
औरियन्

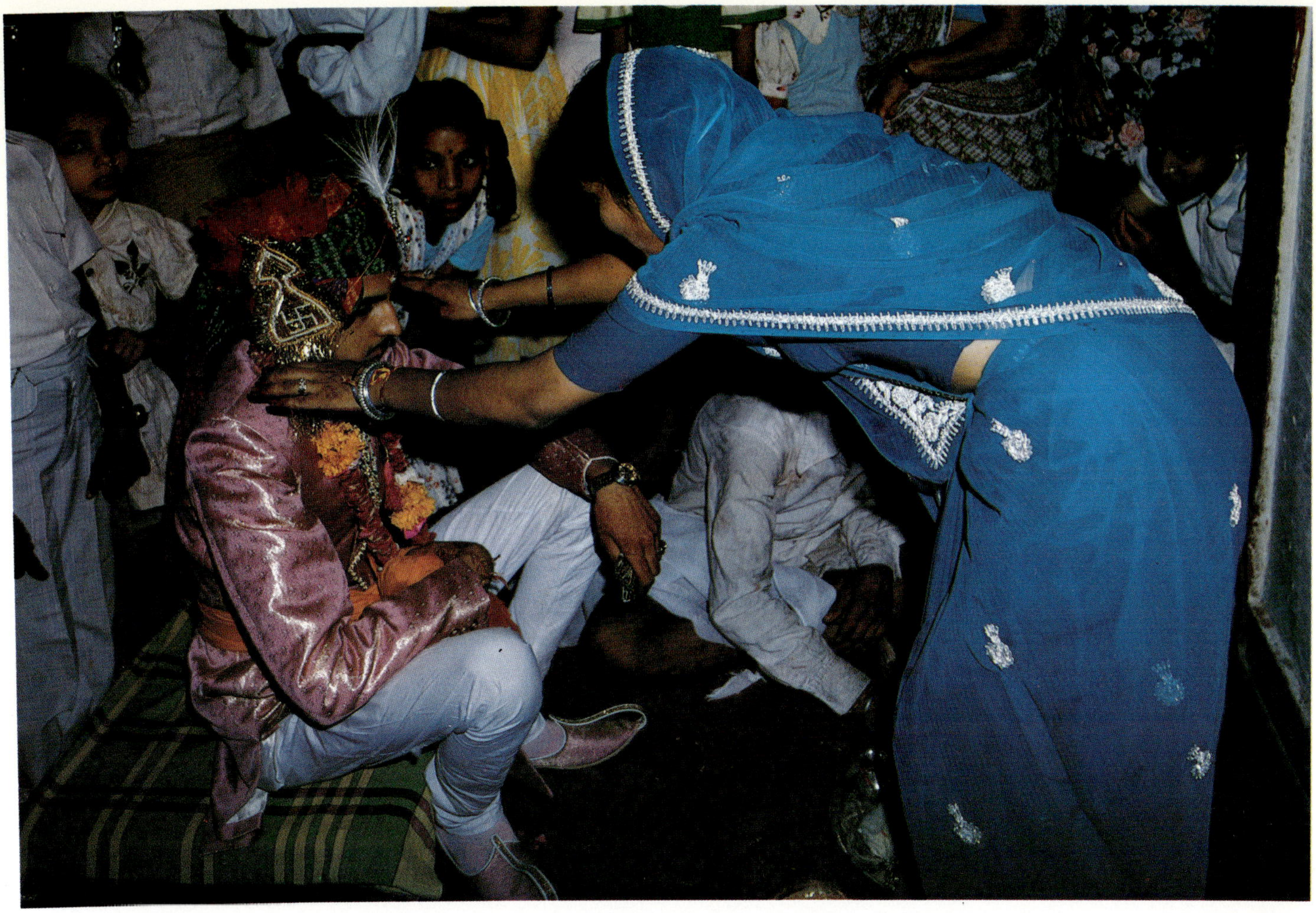

Verständnis rajasthanischer Landesgeschichte ein sehr markantes Architekturbeispiel. Von den mächtigen Mauern der Einzelbauwerke lassen sich 700 Jahre Geschichte ohne Inschriften ablesen, wird der historische Wandel eines Rajputengeschlechts von einer kampfesfreudigen Ritterschar zu umsichtigen Reichsregenten augenscheinlich. Vom Kleinkrieg der Eindringlinge gegen die uransässigen Mina-Stämme zeugt die tausendjährige Altburg auf hohem Bergesgipfel. Die mittlere »Siegesfestung« Jaigarh und weit über die Hänge laufende starke Wehrmauern entstanden später im 350jährigen Widerstand gegen die islamische Übermacht an der Schlüsselpassage der Fernstraße von Delhi nach Süden und weiter zum Meer. Vom Frieden dann, vom diplomatischen Ausgleich mit den Mogulen, dem folgenden kulturellen Aufschwung und höfischen Prunk, kündet der halbhoch am Hang gelegene, nur bedingt wehrfähige Palast. Die Aufgabe der Festung und der Umzug in die im Jahre 1727 gegründete Repräsentationsstadt Jaipur markiert den endgültigen Aufstieg des Kachwaha-Clans zu überregionaler Bedeutung in friedlichen Zeiten.
Die einstigen Maharajas von Amber und Jaipur bezeichnen ihren Herrschaftsanspruch landesüblich natürlich als göttliche Bestimmung, da sie ihren Stammbaum auf die alte Sonnendynastie vom Ayodhya zurückführen. Als gesichert gilt aber nur ihr einstiger Besitz der Feste Narwar im »Mittelland« (Madhya Pradesh). Der Legende nach sei der aussätzige Fürst Suraj Sen während der Jagd dem Eremiten Gwalipa begegnet, der ihn mit einem Schluck gesegneten Wassers heilte und ihm auf dem nahen »Hirtenberg« (Gopagiri) den Bau einer Burg riet. Aus Dankbarkeit benannte der Clanführer diese Zitadelle nach dem Einsiedler: Gwalior. Rund zweihundert Jahre behaupteten sich die Kachwahas (oder Kachapaghatas) auf der Hochfläche; an ihre Regierungszeit erinnert der kunsthistorisch bedeutsame Sas Bahu-Tempel aus dem späten 11. Jahrhundert.
Zur Clanspaltung kam es vermutlich im Jahre 1033, als nach Suraj Sens Tod dessen Bruder die Regentschaft an sich riß und den rechtmäßigen Thronerben Dhola Rae (auch Dhola Rai) mit seiner Mutter zur Flucht zwang. Beide gelangten mit einem kleinen Troß 250 Kilometer westwärts in das Land Dhundar der alten Mina-Stämme. Legende und wahre Begebenheit sind in der Liebestragödie zwischen dem Kachwaha-Prinzen Dhola Rae und der Mina-Prinzessin Maruni verwoben (vgl. »Liebesromanzen aus Rajputana« Seite 123). Historisch belegt ist, daß Dhola Raes Sohn und Enkel in zähem Ringen die Minas unterwarfen.

Nach ihrem Sieg Mitte des 12. Jahrhunderts errichteten die Kachwaha-Rajputen auf den Fundamenten der alten Mina-Burg eine Festung. Der Siedlung im Tal beließen sie den Namen Amber, der auf Amba oder Ambika (»Mutter«), die alte Fruchtbarkeitsgarantin, Erd- und Muttergöttin der Minas zurückgeht. Um den Ortsnamen entwickelte sich ein in Indien recht häufiger Fall eines religiös verbrämten Klassen- und Einnahmenkonfliktes. Shivaitische Brahmanen manipulierten ihren Gott Shiva zum Gatten der Ambika (»Herr der Ambika« = Ambikeshvara), um damit Tempel-, sprich Spendenansprüche zu begründen.
Nur vier Jahrzehnte blieben die Kachwahas Vasallen der Chauhan-Könige von Delhi. Nach deren Niederlage im Jahre 1192 gegen die muslimischen Afghanen entfielen Tributpflicht wie Schutz. So waren die nächsten vier Jahrhunderte geprägt von ständigem Kampf, der Niederschlagung mehrerer Mina-Rebellionen, Abwehr zahlreicher Überfälle benachbarter Rajputenclane und Attacken der Sultane von Delhi.
Das Ende mittelalterlicher Fehdezeit, die entscheidende Wende zu einer politisch stabilen Ära, wirtschaftlichem Aufschwung und kultureller Blüte wurden den Rajputen von einem Muslim, dem Mogulkaiser Akbar, mit Überzeugung und Gewalt regelrecht aufgezwungen. In seiner fast fünfzigjährigen Regierungszeit, von 1556 bis 1605, rechtfertigte sich sein Name »Der Große« geradezu prophetisch. Akbar war zweifellos Indiens bedeutendster Herrscher dieses Jahrtausends und prägte die innerindische Entwicklung für ein ganzes Jahrhundert.
Auf der Flucht seines Vaters Humayun nach Persien in einer rajasthanischen Oase geboren, ging der Prinz durch eine harte Lebensschule, wurde schon zwölfjährig Kaiser und stellte nach langen Erbkämpfen das Mogulreich auf eine feste Grundlage. Akbar träumte von einem indischen Großreich mit freier Religionsausübung und einem überkonfessionellen Einheitsglauben. In nächtelangen Disputen mit persischen Mystikern, Hindu-Philosophen, Jain-Heiligen, altiranischen Parsen und Jesuiten-Patres entwarf er den »Göttlichen Glauben« (Din-i-Ilahi), eine neue Religion, die allerdings nach seinem Tode wieder verschwand. Zahlreiche Reformen, vor allem der Erlaß der harten Kopfsteuer für Nicht-Muslims, erleichterten den Hindus das Leben.
Im Bewußtsein, daß Kriege das Land auf Dauer zerrütten, suchte Kaiser Akbar Übereinkunft mit allen Regionalherrschern. Leider scheiterte der Ausgleich mit den Rajputen anfänglich an übersteigertem Stolz und politischer

Engstirnigkeit der Könige von Mewar, Jodhpur und Jaisalmer. So sah er sich gezwungen, die Uneinsichtigen in den Jahren von 1575 bis 1580 von den alten Mogulstützpunkten Ajmer und Nagaur ausgehend militärisch zu unterwerfen. Einzig Maharana Pratap von Mewar führte zeitlebens einen letztlich erfolglosen Dschungelkrieg gegen den Kaiser.

Dagegen erkannten die Kachwaha-Rajputen sehr rasch Akbars Vorhaben und nützten die Chance: Der Raja von Amber bot ihm als erster seine Tochter zur Ehefrau und Miryam-az-Zamani schenkte ihm den heißersehnten Thronerben Salim, den späteren Kaiser Jahangir. Die Maharajas Man Singh und »Mirza Raja« Jai Singh I. wurden Freunde und Feldherrn der Mogulen. Für ihre enge Bindung mit dem Kaiserhaus mußte die Kachwaha-Familie lange die offene und versteckte Verachtung anderer Rajputengeschlechter ertragen.

Nach und nach arrangierten sich fast alle Fürsten mit Akbar, er heiratete ihre Töchter und sein Sohn Jahangir, gebürtiger Mogul und Rajpute zugleich, folgte seinem Beispiel. Den Rajputen gelten Blutsbande als hohe Verpflichtung und daher wurden aus einstigen Feinden treue Gefolgsleute. Einflußreiche Positionen in Heer und Verwaltung der Mogulkaiser brachten ihnen viele Vorteile, Steuerfreiheit und Reichtum ein. Nach dem Vorbild der prunkvollen Mogulhöfe in Delhi, Agra und Lahore entfalteten die Rajputenfürsten unvorstellbaren Glanz und einen luxuriösen, raffinierten Lebensstil, begründeten und bewahrten abendländische Vorstellungen vom sagenhaft reichen, märchenhaften Indien. Musik, Poesie und Malerei wurden an Rajputenhöfen gepflegt, Barden, Astrologen und Philosophen genossen hohe Gunst und begabte Fürsten entwarfen oft selbst ihre Schlösser, Lustpavillons, Parks, Gärten und Stauseen.

Das geistige Klima der mogulisch-rajputischen Aussöhnung überlebte als innige Verbindung islamischer und hinduistischer Stilelemente in den Mauern von Amber. Maharaja Man Singh (1589 bis 1614), Kaiser Akbars großer Feldherr und Gouverneur von Bengalen, war der Bauherr der Keimzelle des Palastes. Hindu- und Muslimkunst stehen an Einzelgebäuden des ersten Innenhofes noch getrennt nebeneinander. Der Diwan-i-Am, eine rechteckige Halle aus Marmor und rotem Sandstein für öffentliche Audienzen der Maharajas, entstand nach Mogul-Protokoll. Acht- und Zwölfkantsäulen, schräg vorkragende Dächer, Elefantenrüssel-, Lotos- und Pfauenmotive sind hingegen reine Hindukunst. Das Ganesha-Tor gegenüber prangt im Schmuck

islamischer Stalaktiten, Lebensbäume und Arabesken, nur der elefantenköpfige Gott Ganesha über dem Eingang und Erker mit bengalischen Dächern lassen die Durchdringung von Hindu- und Muslimkunst erkennen.
Sehr viel deutlicher wird die künstlerische Patenschaft der Mogulmetropolen im inneren Palastbereich, der etwa hundert Jahre später unter Mirza Raja entstand. In einigen Gemächern wurden nach persischem Ingenieurwissen ausgeklügelte Luftkanäle und Wasserspiele angelegt, die in heißen Monaten Verdunstungskühle wirksam werden lassen. Filigranartig durchbrochene Fenster gewähren herrliche Durchblicke hinunter in das Tal auf den Maota-See und die Dilaram-Gärten. Wundervoll ist die Ausstattung der offenen Bogenhallen; Marmor- und Alabasterreliefs und Stucknischen mit Vasen-, Weinkrug-, Parfümflacon- und Blütenmotiven wechseln mit Edelstein-Einlegearbeiten (Pietra dura), Wand- und Glasmalerien. Die Krönung bedeutet dann der Spiegelpalast (Shish Mahal), dessen Wände, Stalaktitnischen und Decken mit gewölbten Murano-Spiegelchen verkleidet sind. Sandelholztüren mit Elfenbeinintarsien führen in die benachbarten Schlafräume der Palastherren. In den Spiegelmosaiken der verdunkelten Gemächer bricht sich wie in alten Zeiten das Licht einiger Kerzen und reflektiert tausendfach einen flimmernden Sternenhimmel von märchenhaftem Zauber.

Die rote Traumstadt Jaipur

Der erste Eindruck ist Staunen – und nach Stunden immer noch Staunen! Eine Metropole von unentrinnbarer Faszination und überwältigender Vielfalt: Die Altstadt von starken Mauern und festen Toren umgürtet, durchschnitten von breiten, rechtwinkelig kreuzenden Hauptstraßen, mit großzügigen Plätzen, Springbrunnen und betriebsamen Märkten voll Straßenhändlern, Musikanten, Wanderheiligen und Bettlern, mit endlosen Reihen kleiner Läden, durchsetzt von Teebuden, Werkstätten, Schreibstuben, Götterschreinen, übergehend in eng bebaute Zeilen stattlicher Bürgerhäuser und überragt von einem Palastviertel. Einheitlich ist die kräftig ziegelrote Farbe mit weißen Zierlinien und dem Sonnenemblem, immer wieder kehren phantasievolle Varianten von Türmchen, Balkonen, Erkern, Zinnen, Balustraden, Lotoskuppeln, steinernen Gitterfenstern und glitzernden Metallaufsätzen.
Bald läßt sich aus aller verwirrenden Fülle das sorgsam entworfene Konzept der Stadt erkennen. In allen Details, tatsächlich hin bis zur Fassadenfarbe, hat Maharaja Jai Singh II. seinen Lebenstraum verwirklicht und Jaipur als Idealstadt geplant. Nach 250 Jahren sind ihre Versorgungssysteme noch bedarfsgerecht und das Straßennetz sogar für den Autoverkehr ausreichend. Die ursprüngliche Residenz des Königreiches Jaipur entwickelte sich zu Rajasthans größter Gemeinde mit derzeit rund 750000 Einwohnern und wegen ihrer städtebaulichen Eignung zur Hauptstadt. Doch weit mehr ist die »Stadt des Jai (Singh)« eine sehr gelungene Synthese von Schönheit und Funktion, eben eine außergewöhnliche Stadt!
Ihr Gründer war ein Mann von überragendem Format. Nach dem Tod des letzten großen Mogulkaisers Aurangzeb im Jahre 1707 nutzte er im Zerfall der islamischen Zentralgewalt die Chance seiner Zeit, vergrößerte ohne Waffengewalt sein kleines Reich und stieg mit politischem Geschick zum bedeutendsten Hinduherrscher auf. Die Zelebrierung eines pompösen Pferdeopfers (Ashvamedha) nach alt-arischem Ritus wies ihn endlich als »König der Köni-

ge« aus. Zur Demonstration seiner Größe begann er den Bau einer glanzvollen neuen Residenz in der Ebene südlich der alten Kachwaha-Festung Amber. Jai Singh, ähnlich Renaissancefürsten hochgebildeter Regent, Kunstmäzen und Wissenschafter zugleich, verband in seiner Traumstadt staatliche Repräsentation mit persönlichen Neigungen.

Eine zehnjährige Planung vermied alle Zufälligkeiten und folgte fünf Grundsätzen. Neben den Berichten über die zerstörte Sonnenstadt Ayodhya, der geistigen Heimat der Dynastie, waren die alten hinduistischen Architekturvorschriften (Silpa Shastras), die Konstellation der Gestirne, Geomantik und Zahlenmystik zu beachten.

Das damals schon über tausend Jahre alte Bauhandbuch Manasara erklärt neben Tempelmaßen die 15 möglichen Formen einer hinduistischen Idealstadt. Dabei wird das für Jaipur gewählte quadratische Prastara-Mandala als ein magisch-mystisches Schaubild (Diagramm) des Kosmos verstanden. Ein zentraler Tempel soll den Weltberg Meru, die Achse der Welt, symbolisieren. Durch ein Straßenkreuz nach den Haupthimmelsrichtungen entstehen vier Bezirke (Padas), die den »Kontinenten« des mythischen Weltbildes entsprechen und von den vier Ständen (Varna) nach ihrer Rangordnung bewohnt werden. Der Norden soll die Priester- und Gelehrtenstadt (Brahmapuri) bilden, das Viertel vor der aufgehenden Sonne gebührt dem Kriegeradel (Kshatriyas), das Südviertel beherbergt die Händler- und Handwerkerkasten (Vaishyas), im Westviertel drängen sich die »Hörigen« (Shudras), und vor der Stadt, außerhalb der Gesellschaftsordnung, die »Unberührbaren«. Für Residenzstädte darf nach den heiligen Bauhandbüchern die Zahl der Padas auf neun oder sechzehn erhöht und den verschiedenen Kasten nach dem Grundmuster anteilig zugewiesen werden.

Die altüberlieferten Bauvorschriften beachtete Maharaja Jai Singh jedoch nur soweit, als sie sich seinen astronomischen und astrologischen Vorstellungen und Leidenschaften fügten. Seine Stadt sollte allzeit unter der Gunst der Gestirne stehen! Sternenkunde war ihm ein Leben lang wichtiger als alles Regieren. Stets nach neuen Erkenntnissen strebend, lud er Gelehrte aus Mittelasien und Europa ein, berichtigte Fehler in den Tafeln des berühmten Ulug Begh, gründete Observatorien in Ujjain, Varanasi (Benares), Mathura und Delhi und das größte sollte seine Residenz krönen! So verband Jai Singh exakte Wissenschaft mit astrologischen Spekulationen, den in Indien allzeit vorrangig beachteten Aussagen vom Einfluß der Gestirne auf das Schicksal

der Menschen. Ein Jahr vor der Grundsteinlegung Jaipurs bekennt er: »Wenn Gott den dunklen Weg der Elemente nicht durch die Gestirne, Planeten, Sonne und Mond erleuchtet hätte, wie könnten wir sonst unsere Wünsche verwirklichen und aus dem Labyrinth des Unwissens entweichen?«
An seinem Geburtstag im November des Jahres 1727 fährt Jai Singh mit einem elefantenbespannten Prunkwagen durch das geomantisch erkorene Gelände, huldigt den Göttern und legt den Grundstein für seinen Mondpalast; neun Stockwerke sollen die Ewigkeit symbolisieren. Genau dort, wo am Morgen seines Geburtstages die Sonne über den Ostbergen aufging, ließ der Maharaja den Tempel des Sonnengottes Surya errichten. Damit bestimmte er die Ost-West-Achse der Stadt und das rechtwinkelige Straßengitter wird daran orientiert, 15 Grad ostseitig von der hinduistischen Norm abweichend. Nur Jai Singhs eigene Daten sind maßgebend! Die Stadtmitte gebührt nach seinen Vorstellungen und Berechnungen daher auch nicht einem Tempel, sondern seinem Palast unmittelbar neben der neun Jahre älteren Sternwarte (Jantar Mantar) aus gewaltigen Astrolabien. Das Brahmanenviertel wird unbekümmert ein wenig weiter nach Norden gerückt, weil der ihm gebührende Idealplatz von Teichen und Palastgärten ausgefüllt wird.
Der Palastbezirk, Wohn- und Regierungsgebäude, Harem und Wirtschaftshöfe, Gärten, Stallungen und weitläufige Verwaltungstrakte, nehmen immer noch ein Siebentel der ummauerten Stadt ein. Von der Kachwaha-Familie wird seit dem Jahre 1949 nur mehr der Mondpalast genutzt; die übrigen Baulichkeiten dienen als Museen oder der Landesverwaltung. Den zweitgrößten Bezirk Jaipurs bildeten einst die südlichen und südöstlichen Viertel reicher Marwari- und Jain-Kaufleute. Hier wird Jaipurs Tradition als Zentrum von Edelsteinverarbeitung und -handel unvermindert fortgeführt, Sandelholz- und Elfenbeinschnitzereien, Marmorintarsien, Miniaturmalereien, Email- und Papiermachéarbeiten, Marionetten und Stickereien sind Jaipurs weitere begehrte Erzeugnisse. Nach Westen hin nimmt die Qualität der Waren und die Pracht der Häuser ab; denn dort wohnen bestimmungsgemäß die niederen Kasten.
Eine klare Trennung der Stadtteile bewirken die Ost-West-Magistrale und zwei Nord-Süd-Achsen. Ihre ungewöhnliche Breite von 35 Metern und große Plätze mit Wasserbecken an den Kreuzungen gaben Jai Singh ausreichend Raum für die Ausfahrten seiner Prunkkarossen und die Prozessionen der mehrstöckigen Sternenwagen bei allen glanzvollen Jahresfesten. Um auch

den Haremsdamen ungesehen die Beobachtung der Spektakel zu ermöglichen, erbauten Jai Singhs Nachfahren etwa dreißig Jahre nach der Stadtgründung als fünfstöckige Zuschauergalerie den »Palast der Winde«, eine prachtvolle, nur meterdicke Fassade aus zierlichen Erkern, Balkönchen, Fenstern und Gitterwerk. Inzwischen gilt das Hawa Mahal als Jaipurs Wahrzeichen und dürfte nach dem Taj Mahal in Agra Indiens meistphotographiertes Bauwerk sein.

Reichtum hat erfahrungsgemäß viele Neider und auch Jaipur war bald mehrfachen Angriffen ausgesetzt, vor allem durch die im Jahre 1734 vorrückenden Marathen. Doch Jai Singh hatte vorgesorgt. Wohl war die Stadt als Residenz ein Ort des Friedens und wirtschaftlicher Prosperität und daher nur bedingt wehrfähig, aber auf den Bergflanken wachten einige Burgen und im Westen das uneinnehmbare Tigerfort (Nahargarh). So blieb Jaipur vom Krieg verschont und selbst der persische Schah Nadir versuchte sich nicht an ihr, als er 1738 Delhi plünderte. Eine endgültige politische Absicherung brachte erst im Jahre 1818 ein Abkommen mit den Engländern; beide Partner konnten einander gebrauchen. Von allen Rajputenclanen waren die Kachwahas allzeit die besten Diplomaten, arrangierten sich als erste mit den Mogulen und blieben den Briten stets bündnistreu.

Sicherung des Friedens durch Anpassungsfähigkeit und jahrhundertelanger Ertrag aus Edelsteinminen hoben das Geschlecht in die Reihe der reichsten Großkönige Indiens. Trotz politischer Entmachtung verfügen die Kachwahas in Rajasthan noch über beträchtlichen inoffiziellen Einfluß und mehr Achtung, als alle Parteipolitiker. Die zeitweilige Inhaftierung der Maharani im Jahre 1975 wegen angeblicher Steuerhinterziehung und nie schlüssig aufgeklärte Berichte über fabulöse Schätze im Palastkeller bezeichnet die Betroffene und damals Parlamentsabgeordnete der Oppositionspartei als politische Rankünen der zentralen Regierungspartei.

Einen schwachen Begriff von der einst luxuriösen Hofhaltung mag ein Besuch des zum Nobel-Hotel umgewandelten Rambagh-Palastes oder ein Gang durch die Palastmuseen geben. Die prächtigen Hallen und unschätzbar wertvolle Sammlungen von Miniaturen, Palmblattmanuskripten, Musikinstrumenten, goldgestickten Kostümen und Prunkwaffen bezeugen eine Durchdringung von Hindu- und Muslimkultur; Flexibilität auch in künstlerischer Hinsicht! Kuriosität am Rande mögen zwei riesige, übermannshohe Silberkessel sein, in denen Maharaja Madho Singh II. seinen Bedarf an Tee-

Seite 107 *Dhola-Maru, Fresko in der Burg Jodhpur*
Das Liebespaar Dhola und Maruni auf dem Kamel ist geradezu ein rajasthanisches Emblem. Die berühmte Legende wurde mehrfach variiert und mit der Errichtung der Rajputenherrschaft über uransässige Völker verbunden. Nach der älteren Fassung drang der Rajputenprinz Dhola aus Gwalior in das Gebiet der alten Mina-Stämme vor und heiratete deren Prinzessin Maruni; beide sind Stammeltern der Kachwaha-Dynastie von Amber und Jaipur.
Die Abwandlung dieses Themas, gemalt im Wohnpalast der Festung Jodhpur, zeigt die beiden als Ahnen der Rathore-Herrscher von Bikaner. Rao Bika, der Sohn des Stadtgründers von Jodhpur, zog im 15. Jahrhundert aus, die nördliche Wüste Thar von Jat- und Bhatti-Stämmen zu erobern, vermählte sich mit der Tochter des Fürsten von Pugal und gründete Stadt und Staat Bikaner.

Seite 108 *Wohnpalast in der Feste Jodhpur*
Gemächer und Hallen im Perlen- und Blumenpalast des Meheran-Forts von Jodhpur sind prachtvoll geschmückt. Der Frauentrakt (Bild oben) zeigt in vielen Details, wie Zackenbögen, Wandmalereien, Teppichen und gedrechselten Möbeln, den von Mogulhöfen beeinflußten Wohnstil des 17. und 18. Jahrhunderts.
Im Thronsaal (Bild unten) haben Bögen, Decken- und Wandmalereien ebenfalls islamische Vorbilder; zwischen zarten Arabesken ist ein Medaillonfries der Maharajas von Marwar und Jodhpur eingebettet. Das Sonnenemblem auf dem Thronsitz unterstreicht die Herkunft der Rathore-Dynastie von den Sonnenkönigen der heiligen Stadt Ayodhya.

Seite 109 *Puppenspiel in Udaipur*
Marionetten (Katputli) aus Rajasthan sind durch Wanderkünstler, Gastspiele und Fernsehen weit über die Landesgrenzen hinaus in ganz Indien bekannt. Das Volkskundemuseum in Udaipur besitzt eine große Sammlung geschnitzter Puppen. Zahlreiche Kasten von Puppenspielern pflegen die alte Tradition und führen auf Wanderbühnen das ganze Jahr über in Dörfern und Städten, auf Jahrmärkten und Volksfesten, Ritterstücke, Liebesromanzen und mythologische Szenen, hauptsächlich aus der Krishna-Legende und dem Ramayana auf.

Bäuerin beim Wassertragen

Linke Seite *Gesichter Rajasthans*

Links oben *Dame aus Udaipur*. Im Festsari und reich geschmückt nimmt sie am Gangaur-Fest teil.

Links unten *Bauer aus Osian.*

Rechts oben *Palastwächter aus Jaipur.*

Rechts unten *Dame aus Jaisalmer*. Gold- und Silberschmuck gilt als »Frauenwohlstand«, bleibt immer Eigentum der Ehefrau und wird als Statussymbol getragen. Alle 16 religiösen Lebensriten der Hindus sind je nach Vermögensstand mit dem Ankauf mehr oder weniger kostbaren Schmuckes verbunden.

Das »bürgerliche« Kamel als Wappen der Karawanen und der Wüste Thar.

Rechts *Patrizierhaus in Jaisalmer*
Reiche Kaufleute, meist Angehörige der Jaina-Religion, ließen sich prachtvolle, vier- bis fünfstöckige Häuser (Havelis) mit feinst gemeißelten Sandsteinfassaden erbauen. Jahrhundertelang waren die Steinmetzen meistens Muslims; bei der Teilung des indischen Subkontinents im Jahre 1947 wanderten die letzten von ihnen in das islamische Pakistan aus und seither stagnierte ihre hohe Kunst. Jaisalmer ist heute ein Hort großartiger Sandsteinbauten vom 12. bis zum 18. Jahrhundert. Der königliche Pfau verheißt Wohlstand und ist daher auch in Kaufmannskreisen ein beliebtes Segenszeichen. Lotoskonsolen, verzwergte Bangaldardächer und andere Schmuckdetails der Hindukunst verbinden sich mit Arabesken.

Seite 114 *Jaisalmer, Pavillon im Gadi Sagar*
Dieses Becken sammelt wie südindische Tanks das Regenwasser. Monsunausläufer gelangen im Herbst und Winter bis in die Wüste; einige Landstriche, beispielsweise das Gebiet um Barmer, empfangen jedoch manchmal jahrelang keinen Regen. Die Bhatti-Fürsten von Jaisalmer ließen den künstlichen Teich mit Toren, Balustraden und Pavillons schmücken und genossen hier die abendliche und nächtliche Kühle bei Musik, Gesang, Poesie, Rauchen der Opiumpfeife (Hukkah) und Kauen von Betelblättern (Pan).

Seite 115 *Salim Singh-Haveli in Jaisalmer*
Salim Singh Mohta war im 18. Jahrhundert Premierminister der Maharawals von Jaisalmer. Sein sechsstöckiger Palast überragt die Bürgerstadt am Fuße der Festung; Balkone und Galerien gliedern den eleganten Turm. Wie in alten Zeiten ziehen Dromedare durch die Stadt, allerdings nur mehr im Ortsverkehr; einst bildeten sie die Grundlage des Karawanenhandels vom Ganges bis zur Indusmündung im heute pakistanischen Sindh.

Seite 116 *Kuppelfresko aus Ramgarh*
Ramgarh ist eine von etwa zwanzig kleinen Städten des ehemaligen Fürstentums Shekhavati an der alten Hauptroute von Delhi zum Indus oder nach Gujarat. Um 1470 konnte Rao Shekhaji die Unabhängigkeit von den Kachwahas von Amber erlangen; 1738 wurde Shekhavati dem Königreich Jaipur eingegliedert. Adels- und Patrizierpaläste (Havelis), Tempel und Kenotaphe (Chattris) sind oft mit herrlichen Malereien geschmückt.
Das Kuppelfresko des 18. Jahrhunderts stammt aus einem Chattri. Die große rote Lotosblüte symbolisiert die Entfaltung der Erscheinungswelt aus dem Urozean. Im inneren Kreis werden Szenen aus Indiens zweitgrößtem Heldenepos, dem Ramayana, dargestellt. Die Umrahmung bildet ein Reigentanz (Rasmandala) des Gottes Krishna: das Drehen im Kreise versinnbildlicht das Lebensrad. Gott leitet die Seelen – verkörpert in den Hirtinnen – durch den Strom der Wiedergeburten. Krishna ist der gnädige Erlösergott der breiten Volksmassen; Liebe und Hingabe (Bhakti) an ihn gewähren die Befreiung aus irdischer Mühsal.

wasser – als strenger Hindu trank er natürlich nur heiliges Gangeswasser – auf allen Reisen, selbst nach London zur Krönung des englischen Königs Edward VII. im Jahre 1901, mitführte.

Ausflüge in die Umgebung Jaipurs führen im Osten und Norden zu prächtigen früheren Sommersitzen, Jagdschlössern und weitläufigen Gärten. An den Straßen nach Amber und Agra reihen sich kilometerlang herrlichste Paläste aneinander. In der Schlucht von Galta ließ sich beispielsweise Jai Singhs Gattin aus der Königsfamilie von Udaipur, die »Sisodia Rani«, vor bizarren Felsen einen Terrassengarten anlegen und eine mit Wandmalereien geschmückte Villa erbauen.

Um eine heilige Quelle im Talschluß gruppieren sich Badeteiche, Pilgerherbergen und buntbemalte Tempel am Wallfahrtsort und Hauptsitz der Ramananda-Sekte, die Rama als Mittelpunkt ihres monotheistischen Glaubens verehrt. Auch das ein Aspekt der Eigensinnigkeit Jai Singhs: In Jaipur, seiner Stadt und Residenz als »Gottkönig«, sollte es keine großen Tempel geben.

Hundert Meter weiter aufwärts schließt sich der Kreis, der Weg endet am Surya-Tempel, dort wo alljährlich am Geburtstag des Stadtgründers die Sonne über den Ostbergen aufgeht. Und zu Füßen der Hügel breitet sich im Morgenlicht die ideale Sternenstadt.

Gedanken zur indischen Sternenkunde

Zu allen Zeiten genossen die Astronomie und ihre spekulative Schwester Astrologie höchstes Ansehen. So heißt es in einem frühen Sanskrit-Text: »Ein König, der nicht einem Astrologen größte Ehren erweist, wird sicherlich vom Unglück verfolgt. Wie eine Nacht ohne Lampe oder ein Himmel ohne Sonne, so ist ein König ohne Sterndeuter«. Zur Zeitenwende nahm die indische Astronomie griechische Kenntnisse auf. Nach indischen Mythen erklärte der Sonnengott Surya dem Dämonen Maya das Himmelsgetriebe in Romaka-pura, der Stadt Rom – gemeint ist wohl das damals römisch regierte Alexandria in Ägypten. Neben indischen Namen der Gestirne blieben griechische, wie Ara = Ares für Mars oder Heli = Helios für die Sonne, erhalten. An nordindischen Tempeln, besonders in Rajasthan, erhielten die neun Planetengötter (Navagrahas) einen Ehrenplatz auf dem Türsturz zur Cella. Neben Sonne (Surya oder Ravi) und Mond (Soma oder Chandra) erscheinen der weise Buddha, der »Verständige« (Merkur), der freundliche Dämonenlehrer Shukra (Venus), der kriegerische Mangala (Mars), der Götterlehrer Brihaspati (Jupiter), der unheilvolle Shani (Saturn) und die nur in Indien bekannten »Schattensterne« Rahu und Ketu, die Dämonen der Sonnen- und Mondfinsternisse.

Udaipur - die Stadt des Sonnenaufganges

»In ganz Hindusthan gibt es keine pittoreskere Stadt als die des Maharajas Udai Singh zwischen Bergen und Seen«, »... im Mittelpunkt exquisiter Landschaftsszenerie ist die Stadt ein geheimnisvoller Ort des Friedens« oder »Keine Indienreise wäre vollständig ohne Udaipur«, mit so vielen Lobpreisungen bedachten beispielweise der französische Orientreisende Pierre Loti, der englische Schriftsteller Rudyard Kipling, Vizekönig Lord Curzon und König Georg V. die Hauptstadt von Mewar.

Udaipur begeistert jeden Besucher. Ein Hauch nostalgischer Noblesse schwebt über der einzigartigen Seen-, Palast- und Gartenstadt; tiefes Blau, grelles Weiß und sattes Grün bilden Udaipurs vornehm-kühle Farbkomponenten. Ihre Schönheit und Großzügigkeit, der Reiz ihrer Umgebung und nicht zuletzt das angenehme Klima in 600 Metern Höhe zeichnen Mewars Hauptstadt als eine der liebenswürdigsten Städte und vielbesuchtes Reiseziel Indiens aus.

Auf Formulierungen der Prospektwerbung wie »Venedig des Ostens« oder »Kaschmir Hindusthans« kann Udaipur leicht verzichten; »Stadt des Sonnenaufganges« ist wohl der würdigste und treffendste aller schmückenden Beinamen. Die Stunden der Dämmerung, Morgenröte und Abendsonne verleihen der Stadt unvergleichlichen Zauber. Unversehens wähnt sich der entzückte Betrachter im Indien seiner Träume, dem aus Romanen, Märchen, Erzählungen oder Filmen, wie dem »Tiger von Eschnapur«, längst bekannten. Am eindrucksvollsten ist das Schauspiel des Sonnenlaufes in den Tagen nach Vollmond von den Inseln im Pichola-See aus. Dann hebt sich noch vor Sonnenaufgang der monumentale Stadtpalast, aufgehellt vom Schein des untergehenden Mondes, als majestätische Silhouette vom lichten Osthimmel ab. Nach kurzer Dämmerung taucht die Morgenröte langsam tastend Erker, Türmchen, Kuppeln und Dachpavillons in rosigen Schimmer. Die ersten Strahlen der Sonne durchflimmern das zarte Rosa mit mildem Gelb und bald verwandelt sie mit ungestümer Leuchtkraft die Palastzinnen in ein funkelndes Diadem.

Vergleichbare Großartigkeit gewährt der Sonnenuntergang. Eine abendliche Bootsfahrt offenbart die Palastfront und einige Inselschlösser als wundervoll goldglänzende Spiegelung. Ruhe und Stille bewahrheiten den poetisch gepriesenen »geheimnisvollen Hort des Friedens«, bis das Echo wäscheschlagender Frauen am jenseitigen Ufer die Gedankenflüge unterbricht.

Seen prägen Udaipur, ihnen verdankt die Stadt ihre Existenz. Bereits im 14. Jahrhundert staute als ältestes Riesenbecken der Pichola-See Wasser aus den Aravallis. Als die Rajputen Mitte des 16. Jahrhunderts Chittorgarh wieder einmal vor den anstürmenden Mogulen verlassen mußten, suchten die Sisodias Schutz im Bereich ihrer einstigen Hauptstädte Nagda und Ahar. Im Jahre 1567 wählte Maharana Udai Singh einen Hügel am Ostufer des Pichola-Sees zur Keimzelle seiner Burgstadt. Der See war Wasserreservoir und Abwehrlinie im Westen zugleich, in den anderen Himmelsrichtungen schützten Wehrmauern und Wassergräben die junge Stadt. Maharana Fateh Singh ließ die westliche Wasserlinie durch einen zweiten Stausee auf etwa 2,5 Kilometer verlängern.

An vergangene Wehrhaftigkeit der Altstadt erinnern Elefanten-, Sonnen- und Delhi-Tor, die einst mächtigen Mauern wurden großteils für Stadterweiterungen eingeebnet. Unverändert seit der Stadtgründung leitet das Mondtor hinaus zur Insel Brahmapuri, dem der Brahmanenklasse zugewiesenen Wohnviertel im Schutze der Wellen. Winkelige Altstadtgäßchen mit hübschen, oft buntbemalten ein- bis zweistöckigen Häusern führen zum historischen Silberbasar. Das Herz der Altstadt und die beste Geschäftslage markiert der nach englischem Vorbild errichtete Uhrturm. Mangels höfischer Nachfrage ist die einst hohe Kunst traditionellen Handwerks zwar nahezu versiegt, doch lädt ein reiches Angebot an Souvenirs, echten und falschen Antiquitäten, Messing- und Silberarbeiten, Schnitzereien, Puppen, Spiegel- und Goldstickereien und typischen weichen Lederschuhen (Mojris) zum Schauen und Kaufen ein. Läden sollen nicht selten nur Fassaden für manch undurchsichtigen Goldhandel der Einheimischen im Hinterstübchen sein. Den religiösen Mittelpunkt der Altstadt bildet der Jagdish-Tempel, den Maharana Jagat Singh im Jahre 1651 demonstrativ zu Ehren des Himmelskönigs Vishnu als Ahnherrn der Kriegergeschlechter am halbem Weg zum Sitz der Könige errichten ließ.

Über allem weltlichem und geistlichem Alltags- und Festtreiben ragen stadtbeherrschend die wuchtigen Kuben des dreiteiligen Palastes der Sisodia-Maharanas empor. Alte Burg, Harem und neuer Palast wurden ohne ersichtliches Gesamtkonzept in mehreren Jahrhunderten zu einem mehr als 500 Meter langen Monumentalkomplex aneinandergereiht. An mittelalterliche Ritter- und Kampfspiele erinnert ein großer Turnierplatz mit Zuschauergalerien und anschließenden Elefanten- und Pferdeställen. Zierliche Steinbögen über kleinen Plattformen rufen die schönen Zeiten wach, als die Maharanas an Festtagen in Gold- und Silbermünzen aufgewogen wurden, die sie – so wird wenigstens berichtet – huldreich unter das Volk streuen ließen.

Die hoheitsvoll distanzierte Faszination des alten Palastes ergibt sich aus dem Umbau der spätmittelalterlichen Burg in einen feudalen Wohnpalast. Auf den dreistöckigen, fensterlosen Wehrbau des Stadtgründers Udai Singh ließ Maharana Amar Singh um 1700 das zweigeschossige Bari Mahal, ein mogulisch verspieltes Gartenschloß, aufsetzen. Seit dieser Zeit ergötzten sich sogar die Sisodias, die Erzfeinde der Mogulen, an Formenreichtum und Phantasie islamischer Kunst und der Nachahmung luxuriöser kaiserlicher Hofhaltung. Auf baumbestandenen, blütenumrankten Dachgärten und -terrassen des Bari Mahal genossen die Herrscher und ihre engsten Vertrauten laue Abende und sternklare Nächte beim Rauchen der Opiumpfeife und Betelblatt(Pan)kauen, untermalt von Sitarklängen, Versen der Hofpoeten und Tänzen der Haremsdamen. Wohngemächer, Empfangshallen und Höfe ließen die Maharanas mit geschmackvollem und kuriosem Zierat, Glas-und Spiegelmosaiken, Wandmalereien, holländischen Kacheln und Gastgeschenken europäischer und indischer Fürsten schmücken.

An das Bari Mahal, den schönsten Palastteil, schließen sich der Haremstrakt und das heute noch vom Maharana bewohnte neue Schloß an. Ähnliche königliche Pracht entfalteten die Sisodias in zahlreichen Jagdschlössern und Dschungellodges zur Tiger- und Leopardenjagd, Inselpalästen und Lustgärten in der näheren und weiteren Umgebung Udaipurs.

Die funkelnde Sonne ist Wappen und Emblem der Könige von Mewar. Ihnen allein gebührt der Titel Maharana, der sie als ältesten Sonnenzweig und daher ranghöchste Rajputendynastie ausweist. Hinduvan Surya, Sonne der Hindus, lautet ihr stolzes Epitheton als hartnäckigste Verteidiger des Hinduglaubens. Ihre Herkunft führen sie unmittelbar auf Lava, den älteren Sohn König Ramas von Ayodhya, zurück. In mythischer Zeit gründete Lava die Stadt

Lavpur, das spätere Lahore, und seine Nachfahren wanderten im 2. Jahrhundert n. Chr. in das Sonnenland Saurashtra im heutigen Staate Gujarat aus. Eine Inschrift erwähnt sie als Herren von Anandapura oder Vadnagar im Lande Vallabhi. Im Jahre 525 zerstörten Kriegerhorden aus Westen – gemeint sind wohl Weiße Hunnen – die »Stadt der Seligkeit« (Anandapura) und metzelten alle Bewohner nieder. Nur die schwangere Königin Pushpavati konnte entfliehen, gebar in einer Höhle der südlichen Aravalliberge einen Sohn und nannte ihn Guhil (auch Goha oder Gohila), den Höhlengeborenen. Bald danach vertraute sie das Knäblein einer Brahmanenfrau an, sprang in Gedenken an ihren gefallenen Gatten in die Flammen und wurde zur Sati. Guhil, der Stammvater des Guhilot-Clans, wuchs bei Hirten der Bhil-Stämme auf und wurde schon als Jüngling zu deren Führer erkoren. In Wirklichkeit unterwarfen Guhil und seine Erben in langwierigen Kämpfen die wilden Bhils. Die alte Stadt Ahar, wenige Kilometer von der späteren Metropole Udaipur entfernt, wurde von den Guhilot als Keimzelle ihres Staates Mewar erwählt. Zur Erinnerung an die Reichsgründung in Ahar ließen die Herrscher Mewars ab dem 16. Jahrhundert hier ihre Kenotaphe errichten und ein Zweig der Guhilot, die Fürsten von Dungarpur, behielt den Namen Aharya.
Bappa Rawal (dies ist der Beiname des halblegendären »Vater Fürst«) gründete in der ersten Hälfte des 8. Jahrhunderts Nagda, die erste Hauptstadt Mewars, und eroberte die Feste Chittor von den verwandten Paramar-Rajputen. Eines Tages soll dem Fürsten in der Nähe von Nagda der wundertätige Eremit Harita erschienen sein. Der Heilige schwebte in einem Schwanenboot vom Himmel hernieder und gebot dem Fürsten die Errichtung eines Heiligtums zu Ehren des Gottes Shiva. Der berühmte und reiche Tempel von Eklingji in einer Schlucht bei Nagda ist noch heute der Privatschrein der einstigen Herrscher Mewars. Eklingji bedeutet »ein Linga« = Phallus, nämlich das uralte, hochverehrte Fruchtbarkeitszeichen Shivas. Harita war der große Reformator der einflußreichen Yogi-Sekte der Pashupata, die Shiva als »Herrn der Lebewesen« (Pashupati) verehren. Shiva, der Patron echter und falscher Asketen, Yogis, Wanderheiliger und -bettler, zugleich Fruchtbarkeitsgott der breiten Volksmassen, läßt sich in seinen Wurzeln bis in die Zeit der Industalkultur (um 2500 v. Chr.) zurückverfolgen. Ein Stiergott im Yogasitz auf Tonamuletten und -siegeln dürfte den »ersten« Shiva zeigen. Die Gründungslegende von Eklingji verdeutlicht die Zugeständnisse der jungen Guhilot-Dynastie an shivaitische Orden und Brahmanen, aber auch an die

Bhil-Stämme, die Shiva als blutrünstigen »Herrn des Waldes« beschwören. Im Gegensatz zu den anderen Rajputensippen blieben die Guhilot stärker shivaitisch beeinflußt; der wahre Herr und göttliche Urahn des Kriegeradels ist vielmehr der Himmelskönig Vishnu und dessen heldische Inkarnationen Rama und Krishna.
Der Guhilot-Clan konnte in den dichten Dschungeln und Schluchten der Aravallis am längsten den Angriffen der Sultane von Delhi und der Mogulkaiser trotzen. Seine große Zeit brach an, als Maharana Kumbha im 15. Jahrhundert das Land Mewar zum bedeutendsten Rajputenstaat festigte. Nach dem Fall Chittorgarhs im Jahre 1567 verlagerte sich der Schwerpunkt des Reiches endgültig in die neue Hauptstadt Udaipur.
Uralt, ruhmreich und weitverzweigt sind Geschichte und Stammbaum des Guhilot-Geschlechts. Von ihren einst 24 Linien sind nur mehr wenige erhalten. Der in Udaipur residierende Hauptast nennt sich Sisodia (auch Sesodia), ein Zweig herrscht seit dem 18. Jahrhundert über Nepal. Diese letzte regierende Hindu-Dynastie der Welt rechtfertigt den Anspruch der Guhilot-Sisodia als »Hinduvan Surya«, als strahlende Sonne der Hindus.

Liebesromanzen aus Rajputana

Wie in alten Zeiten werden an Lagerfeuern der Wüstennomaden Heldenballaden und Liebesgeschichten zum melancholischen Klang von Saiteninstrumenten gesungen. Berufsmäßige Schauspieler, Musikanten und Sänger künden in Dörfern, Städten und Pilgerorten trotz Radio und Kino fast täglich einer staunenden Zuhörerschar in fesselnden Reimen und Rhythmen, untermalt von packender Gestik und Mimik, von Rittertum, Liebesleid und Königspracht. Verschiedene Kasten von Puppenspielern, Barden, Tänzern und Volksschauspielern sind dabei meist auf bestimmte Themen und Instrumente, manchmal auch auf einen gewissen Publikumskreis, spezialisiert. Die Bhopas beispielsweise erzählen vor großen, buntbedruckten Rollbildern (Padhs) zu Ravanhatha-Begleitung die Geschichte des Volksheroen Pabuji Rathore. Langas sind hingegen Musiker, die zu einer Oboenart und Klängen des Saiteninstruments Sarangi vor einem islamischen Zuhörerkreis singen. Dholis schlagen große Trommeln zum Vortrag hinduistischer Mythen, Magniyar sind Muslims, die das Streichinstrument Kamayacha und Dholaktrommeln für Hindus spielen.

Seit Jahrhunderten unverändert begeistern sich analphabetische Nomaden und Dorfbewohner, aber auch buchlose Städter an den zahlreichen Varianten des rajasthanischen Volksdramas Khayal. Ritterlegenden, Liebesgeschichten und Götterhymnen werden als Versdramen mit Lied- und Tanzeinlagen aufgeführt und gewinnen durch Possenreißer, Akrobaten und zeitkritische Einwürfe noch zusätzlich an Farbe. 200 Arten des Khayal, unzählige Balladen, Lieder, Legenden und Mythen füllen auch die Lücke der fehlenden Bücher; denn gerade im Lande der Helden, Könige und schönen Damen werden Sagen und Liebesgeschichten kaum gedruckt, ließ eine reiche mündliche Überlieferung das Buch bis heute scheinbar als überflüssig erscheinen.

Dichter und Sänger der höfischen und volkstümlichen Poesie waren und sind sowohl Hindus als auch Muslims, verquickten daher verschiedenste Sujets und bedienten sich mehrerer Sprachen. So erklingen bei Volksfesten Hindi, Rajasthani, Panjabi, Sindhi und Gujarati nebeneinander. Dazwischen zu hören ist auch Urdu, das »Idiom des erhabenen Heerlagers«, das seit dem 13. Jahrhundert in islamischen Soldatenkreisen als Mischung aus Hindi und persisch-türkischen Einschüben entstand. Urdu löste Persisch als Sprache des Mogulhofes ab, gewann als wohlklingende Volks- und Literatursprache große Bedeutung in Sultanaten und wurde 1947 von Rajasthans westlichem Nachbarn Pakistan als Staatssprache bestimmt.

Alle Liebesromanzen Rajasthans lassen sich trotz lokaler Varianten auf zwei Grundthemen zurückführen. Die Legende von Dhola und Maruni, kurz Dhola-Maru genannt, entstammt dem indischen Denkkreis, während die Tragödie von Mahendra und Mumal vorderorientalischen Quellen und islamischer Überlieferung entspringt. Ihre tiefverwurzelte Volkstümlichkeit zeigt sich bei fast allen Jahresfesten, namentlich bei Rajasthans größtem und farbenprächtigstem Wüstentreffen zum November-Vollmond in Puschkar. Tausende Schaulustige und Pilger von nah und fern erfreuen sich an der Wiedererwekkung höfischen Glanzes, wenn zwei Dutzend fürstlich gekleideter Paare auf prächtig geschmückten Kamelen zur Wahl von Dhola-Maru und Mahendra-Mumal durch die Arena paradieren.

Die Legende von Dhola und Maruni basiert wie alle anderen indischen Liebesgeschichten auf den Idealpaaren Rama und Sita oder Nala und Damayanti der klassischen Sanskritepen Ramayana und Mahabharata oder der davon abgeleiteten Erzählung Nihalde und Saltan. Im Mittelpunkt steht immer der edle Held, treue Gatte und gerechte König, der sein Volk im Kampfe anzufeuern weiß; seine Frau ist ein Ideal an Tugend und Unterwürfigkeit. Unerläßlich ist in allen Schilderungen die Zeugung von Nachkommenschaft als Erfüllung des »Lebens-, Liebes- und Ehezweckes« und die Verherrlichung des Elternpaares als Ahnen ruhmreicher Geschlechter. In Rajasthan wurde nun ein solches Leitpaar mit der Errichtung der Rajputenherrschaft über altindische Volksgruppen und der Frühgeschichte des Kachwaha-Clans von Amber verquickt. Dhola und seine Erben unterwarfen die Minas des Landes Dhundar, denen die Prinzessin Maruni entstammt.

Dhola Rai, der Sohn des Kachwaha-Fürsten Nal aus dem Lande Narhul – das Gebiet um Gwalior –, wurde als Kind seines Thrones beraubt. Seine Mutter versteckte den Knaben der Legende nach in einem Binsenkörbchen und floh mit ihm nach Westen in das Land Dhundar. Die Fürstin der Minas,

SARDARMARKET — GIRDIKOT

Seite 125 *Sardar-Markt in Jodhpur*
In Rajasthan, wie in ganz Indien, richtet sich der tägliche Speisezettel nach dem jeweiligen Angebot auf den lokalen Gemüsemärkten. Für langfristige Vorratshaltung fehlt es bei Erzeugern, Händlern und Verbrauchern an Lager- und Kühlmöglichkeiten und für Transporte über weite Entfernungen an Fahrzeugen.
Zu den wenigen gründlich geplanten und mit architektonischem Aufwand eingerichteten Stadtmärkten Indiens gehört der zentrale Basar von Jodhpur. Vor etwa sechzig Jahren entstanden auf Anordnung des Maharajas lange Ladenstraßen für Getreide, Gemüse, Bekleidung und Hausrat, nach dem damaligen Zeitgeschmack auch ein hoher Uhrturm und repräsentative Tore in indo-islamischem Mischstil. Auf dem Straßenpflaster haben sich seit einigen Jahren illegal Kleinhändler etabliert. Die Wiegen ihrer Kinder, nicht etwa Waren, bergen zwei kleine Zelte im Vordergrund.

Seiten 126/127 *Blühender Mohn im morgendlichen Mewar*
Abhängig von der Menge des unzuverlässigen Monsunregens lassen sich nur etwa 27 Prozent der Fläche Rajasthans für eine karge winterliche Hirseernte nutzen. Lediglich auf weiteren neun Prozent der Fläche können nach mühsamer Bewässerung aus Tiefbrunnen zwei Fruchtfolgen reifen; von Juli bis Oktober die sommerlichen »Kharif«-Kulturen und von Oktober an die winterlichen »Rabi«-Kulturen. Im fruchtbaren Südosten wachsen dann Weizen, Zuckerrohr, Baumwolle, etwa zehn Prozent der gesamtindischen Sesamproduktion und schon seit Jahrhunderten Mohn. Alljährlich im Februar werden die reifenden Kapseln angeritzt und der Saft zur Opiumherstellung entnommen. Früher war das gewonnene Rauschgift ein Hauptexportartikel auf dunklen Wegen, heute glaubt die indische Regierung Mohnanbau und -verarbeitung für nur medizinische Zwecke sicher kontrollieren zu können.

Links oben *Nahverkehrsbus bei Bikaner*
Den Hauptanteil am indischen Personentransport hat das weit überlastete Omnibusnetz zu tragen. Auf den Schotterpisten zu abgelegenen Dörfern rund um Rajasthans Regionalzentren kommen allgemein nur umgebaute, hartgefederte Lastwagen zum Einsatz. In und auf ihnen bilden Menschen, Ziegen, Schafe und Hühner, Milch- und Ölkannen, Maschinenteile und große Bündel Feldfrüchte, Zement- und Düngemittelsäcke ein »gemütliches« Durcheinander.

Links unten *Tiefbrunnen im südlichen Mewar*
Rajasthans Ernteertrag ist direkt abhängig von der Ergiebigkeit der bis zu 30 Meter tiefen Brunnen. Landschaftlich wechselnd erfolgt die Feldbewässerung seit Jahrhunderten nach den »Dhekli«- oder »Rahat«-Systemen mit Ziegenschläuchen an einfachem Seilzeug oder mit Tonkrügen über persischen Rädern (vgl. Bild Seite 53). Nach alter Gewohnheit sind die Brunnen immer noch Wasserquelle für den häuslichen Bedarf, wichtiges dörfliches Kommunikationszentrem und Waschplatz zugleich. Dabei gewanden sich die Frauen »oben ohne«, während die mitgewaschenen Saris an der Sonne trocknen.

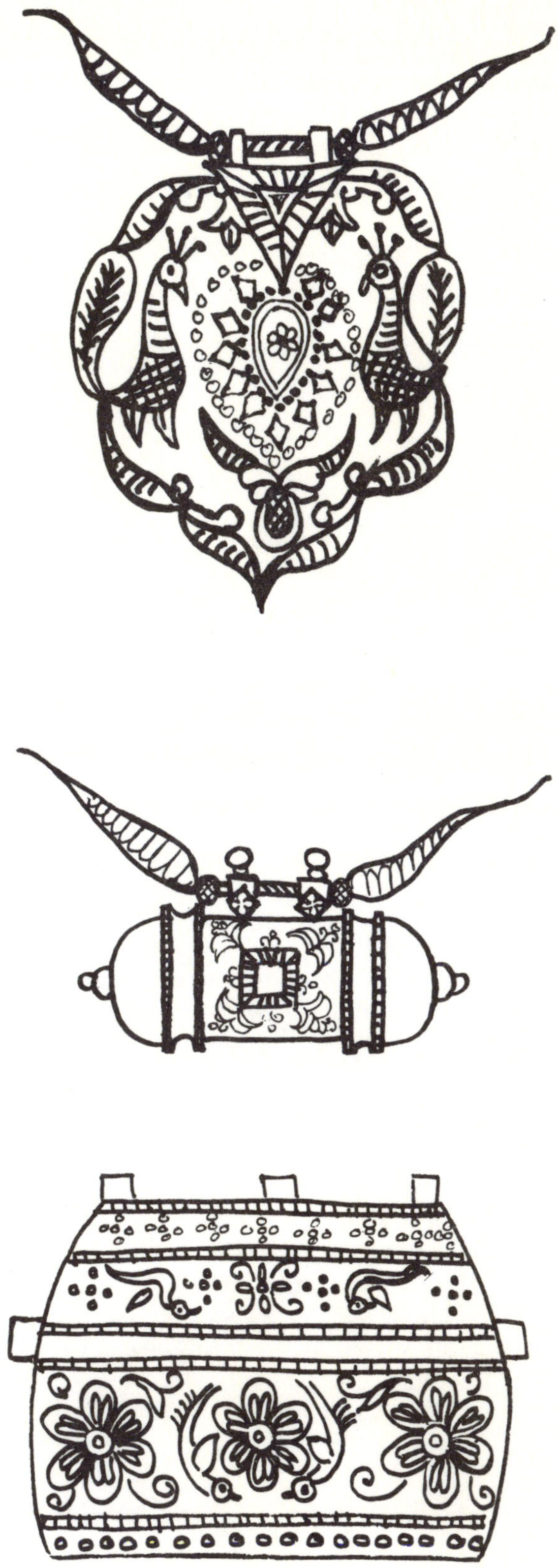

Silberschmuck der Bhil-Nomaden

Rechts oben *Sikh-Militärkapelle in Bikaner*
Von der indisch-republikanischen Armee werden mit Stolz königlich-britische Militärtraditionen gepflegt. An der Regimentskapelle, die in der Altstadt von Bikaner zu einer Hochzeit aufspielt, bilden Schottenkaro, Dudelsäcke und Sikh-Turbane eine kuriose Kombination.
Der relativ hohe Anteil von Sikh-Soldaten sowohl unter den Engländern als auch in der jetzigen Freiwilligentruppe erklärt sich aus der unruhigen Geschichte ihrer Religion. Die im 15. Jahrhundert von Guru Nanak begründete Glaubensgemeinschaft ist zwar als eine Verbindung islamischer (bilderloser Eingottglaube, Kastenlosigkeit) und hinduistischer (Wiedergeburtslehre) Dogmen zu verstehen, doch hatte sie sich lange Zeit blutreich gegen Muslim-Verfolgungen zu wehren. Von einem zeitweiligen Sikh-Staat im Panjab Mitte des 19. Jahrhunderts blieb nur das religiöse Zentrum der »Schüler« (Sikh) um den Goldenen Tempel in Amritsar erhalten.

Rechts unten *Kinderhochzeit in Deschnoke*
Alljährlich Ende April berichten auch europäische Zeitungen über Massenhochzeiten von fünfzehn- bis zwanzigtausend Kindern in Westrajasthan. Trotz amtlichen Verbots werden auf dem Lande nach alter Gewohnheit immer noch Unmündige verheiratet, ja sogar Verlobungen schon vor der Geburt abgesprochen. »Akad teej«, der vierte Tag im vierten Mondmonat, gilt als glückbringendes, astral begünstigtes Hochzeitsdatum; ein Besuch im Rattentempel von Deschnoke soll die Hilfe der »Großen Göttin« sichern.
Allgemein kehren die Vermählten wieder in ihre Familien zurück und die Ehe wird erst nach Eintritt der Geschlechtsreife vollzogen, denn die meisten Heiraten sind wirtschaftlich begründet. Zu einer wahren Seuche hat sich die indische Mitgiftjägerei entwickelt, von der sich die Familie des Bräutigams finanzielle Gesundung erhofft, die aber viele Brauteltern in die Hände von Wucherern und lebenslange Verschuldung treibt.

Menhadi, die Bemalung mit Hennapaste, ziert Hände und Füße und schützt gleichzeitig vor Unheil, etwa vor Skorpionbissen.

Seiten 132/133 *Blick auf Stadt und See Puschkar*
Den wundersamen Ursprung des Puschkarsees schreiben Mythen dem Schöpfergott Brahma zu. Seiner Hand entfiel eine Lotosblüte, berührte dreimal die Erde und nie mehr versiegende Quellen speisten eine sandige Senke in den nördlichen Aravalli-Bergen. Fast in der geographischen Mitte Rajasthans entwickelte sich an dem größten natürlichen See Nordindiens der Wallfahrtsort Puschkar. Pilger empfinden den glänzenden Wasserspiegel in den Sandweiten als das »Auge der Wüste«.

Seite 134 *Färberei in Mukundgarh/Shekhavati*
Die indische Bevölkerungszunahme bewirkt den Fortbestand traditioneller, arbeitsintensiver Handwerksmethoden. Zwar werden in der Färberei schon Chemiefarben anstelle der bisherigen Pflanzen- und Erdfarben, wie Henna, Indigo, Krapp- und Gelbwurz, benutzt, doch Saris, Bett- und Turbantücher werden weiterhin mit Handdruckstöcken bedruckt oder in Abbindetechnik gefärbt. Bei dem altertümlichen Bandhani-Verfahren – abgeleitet vom Sanskritwort bandha = binden – werden vom blanken Stoff kleine Knötchen abgebunden und mit Wachs überzogen. Nach dem Färben und Entknoten zeigen sich phantasievolle Muster aus winzigen Tüpfchen.

der alten Bewohner der nördlichen Aravalli-Schluchten (Jaipur-Alwar-Distrikt), fand Gefallen an Dhola und vermählte ihn im Alter von drei Jahren mit der Mina-Prinzessin Maruni. Als Dhola zum Jüngling erblüht war, verliebte sich die Zauberin Rewa in ihn und entführte Maruni. Auf der Suche nach seiner Gattin verirrte sich der Prinz im Zaubergarten der Hexe und tötete versehentlich deren Papagei. Rewa verlangte für die Freilassung Marunis die Auferweckung ihres Lieblingsvogels. Dhola, magischer Kräfte unfähig, konnte die hinterlistige Bedingung der Zauberin nicht erfüllen und mußte jahrelang mit ihr leben. Mittlerweile hatte sie dem Papagei wieder Lebensodem eingehaucht, doch der weise und gütige Vogel waltete als Liebesbotschafter zwischen Dhola und der gefangenen Maruni. Dank seiner Hilfe wurden die beiden endlich wieder vereint und flohen zurück auf ihr Schloß. Rewa ruhte aber nicht; haßerfüllt hetzte sie die Mina-Stämme gegen Dhola, den Herrscher aus fremdem Lande, auf. Als Dhola und Maruni eines Tages durch eine Schlucht bei Ajmer ritten, überfielen 11000 Minas das Fürstenpaar. Dhola trieb mit Geschick sein Kamel zur Windeseile an und Maruni schoß Pfeile auf die Verfolger. Getroffen vom Gipftpfeil der Hexe stürzte Dhola tot zu Boden, Maruni entkam und gebar einen posthumen Knaben, der die Minas endgültig unterwarf und die Kachwaha-Herrschaft im Lande Dhundar sicherte.

Typisch indisch an der Dhola-Maru-Legende ist die Schlüsselrolle des Papageis; diese Vögel gelten als altes erotisches Symbol und walten meist als kluge und listige Ratgeber sehnsüchtiger Frauen. Das indische Papageienbuch (Suka Saptati, die »70 Geschichten des Papageis«) wurde schon früh in mehrere Sprachen übersetzt und unter dem persisch-türkischen Titel Tuti-nameh auch im Abendland bekannt. Tierfabeln kommen in Indien große Bedeutung zu. Das berühmteste Tierfabelbuch des Mittelalters, das Panchatantra, war in ganz Asien und auch in Europa verbreitet.

Mahendra und Mumal, die zweite berühmte Romanze in Rajasthans Wüstenregionen und im pakistanischen Sindh, basiert wie alle Liebestragödien der islamischen Welt auf der Geschichte von Leila und Madschnun. Diese altarabische Begebenheit aus dem Beduinenmilieu erhielt im 12. Jahrhundert durch den großen persischen Dichter Nizami ihre mystische Prägung und Verinnerlichung, zugleich ihre überzeitliche und überregionale Bedeutung. Von persischen Sufi-Orden beeinflußte Dichter führten die islamisch-mystische Liebesdichtung zur höchsten Blüte und Verbreitung im ganzen Orient.

Grundgedanken sind die Sehnsucht nach dem »Göttlichen Geliebten«, verkörpert in Menschengestalt als Ebenbild Gottes, und die Qualen der Trennung bis zum Wahnsinn (Madschnun = der Verrückte). Erlösung und Vereinigung in ewiger, absoluter Liebe bringt einzig der Tod.
Die Legende von Leila und Madschnun wurde auch in Indien mehrfach abgewandelt, z. B. im bekanntesten Poem der Panjabi-Sprache, der Geschichte von Hir und Ranjha, oder als Jalal und Bubna oder Mahendra und Mumal. Palastruinen am ausgetrockneten Kak-Flüßchen nahe der alten Stadt Lodurva erinnern noch heute an die schöne und stolze Prinzessin Mumal. Viele Ritter hatten vergeblich um ihre Hand angehalten, aber dem Prinzen Mahendra aus Amarkot im Sindh war ihre Liebe im ersten Augenblick zugeflogen. Allabendlich eilte er auf seinem leichtfüßigen Dromedar durch Sanddünen und Felswüste zum Schloß der Geliebten und erst im Morgengrauen jagte er zurück in seine Heimatstadt. Mumals jüngere Schwester Sumal hatte vom nächtlichen Reiter gehört, war neugierig ihn zu sehen und ersann eine List. Als Wandermusikant verkleidet drang sie in die Gemächer der Schwester vor und spielte stundenlang zum betörenden Klang der Kamayacha. Peitschender Sturm hemmte gerade in dieser Nacht Mahendras Ritt; als er endlich die Pforte der Sehnsucht öffnete, fand er die Geliebte an der Seite eines Wandermusikanten schlafend. Tief enttäuscht und gekränkt wandte der Prinz sein Kamel und kehrte nie mehr zurück. Jahre vergingen; als alle verzweifelten Briefe Mumals kein Echo fanden, machte sie sich auf, Mahendra zu suchen. Unerkannt, im Gewand eines Händlers, gelangte sie in den Basar von Amarkot und wurde von ihm zum Brettspiel Chopar eingeladen. Plötzlich hielt Mahendra inne, wurde still und Tränen rannen über seine Wangen – ein Muttermal an der Hand des vermeintlichen Kaufmannes hatte ihn an die unvergessene Geliebte erinnert. Jubelnd fielen Mahendra und Mumal einander in die Arme, aber die Jahre der Trennung hatten ihre Kräfte so geschwächt, daß sie in enger Umarmung tot zu Boden sanken.
Aus Mitleid, so erzählt die Geschichte, versiegte das Flüßchen Kak und nur der Wüstenwind raunt allabendlich sein sehnsüchtiges und trauriges Lied in den verwitterten Palastruinen der Prinzessin Mumal.

Dschungel-, Wüsten- und Nomadenstämme

Rajasthan ist ein Sammelbecken unterschiedlicher ethnischer Gruppen. Knappe und mühsame Anbauflächen ließen nur wenig Altbevölkerung aufkommen. Zu diesen Besiedlungsinseln von Ackerbauern und Dschungeljägern, den Minas und Bhils, im Nordwesten, Osten und Südosten stießen wiederholt nomadisierende Hirtenstämme aus Innerasien. Die ersten arischen Einwanderer waren vermutlich Zweige der Yadavas, Jats und Surasenas, die um 1000 v. Chr. in die nördliche Wüste Thar vordrangen. Der arische Bevölkerungsanteil überflügelte durch Neuankömmlinge allmählich den alten, vorarischen Stock von Bhils und Minas. Unwegsamkeit von Wüste und Dschungelwäldern begünstigten als natürliche Barrieren des weiten Landes die Erhaltung ursprünglicher Lebens-und Glaubensformen.

Im 8. Jahrhundert löste die Gründung der Rajputenreiche eine tiefgreifende gesellschaftliche Umschichtung aus und das Stände- und Kastensystem verfestigte sich in großen Zügen zu den bis heute gültigen Konstellationen. Die neue Herren- und Adelsklasse der Rajputen unterjochte die Altvölker, Bhils und Minas, aber auch Zweige arischer Zuwanderer der Frühzeit zu Shudras, »Hörigen« der oberen Gesellschaftsschichten. Gemäß ihren Berufen als Tagelöhner, Knechte, Kleinpächter, einfache Handwerker, Schausteller, Musikanten usw. wurden sie in das Kastensystem eingebunden oder standen, ihrer Lebensgrundlage weitgehend beraubt, in verachteten Beschäftigungen der »Unberührbaren« oder als Räuberhorden außerhalb der Gesellschaft. Manche arische Stämme blieben ihrem ursprünglichen Nomadentum treu und sind Milch-, Butter- und Viehlieferanten. Die Gurjars beispielsweise, ethnisch engste Verwandte der Rajputenclane – alle Gurjaras waren einst kriegerische Hirtenstämme – wurden nicht geadelt und stiegen daher nicht in höchste und einträglichste Ränge auf, sondern erzeugen noch heute Schmelzbutter (Ghi) für Tempel und Hausaltäre.

Berufe sind meistens identisch mit Kasten und der jeweilige Name läßt auf beides schließen. Heiraten, Essen und gesellschaftlicher Verkehr sind nur innerhalb der Kastengemeinschaft üblich und erlaubt. Etwa 30 Berufsgruppen und Stämme, oft weit abgeschieden von Dörfern und Städten lebend, sind als unterentwickelte »scheduled castes and tribes« registriert und sollen nun allmählich soziale und kulturelle Förderung durch die Regierung erhalten.

Ungefähr die Hälfte dieser Volksgruppen bilden mit 2 Millionen Zugehörigen die Minas oder Matsyas. Sie gingen vermutlich aus jener Bevölkerungsschicht hervor, die schon vor rund 5000 Jahren im Industal, Fünfstromland und der angrenzenden nördlichen Wüste Thar lebte. Dieser Wüstenabschnitt war einst fruchtbarer, denn Bodenfunde im Tal des Flusses Sarasvati bezeugen eine kontinuierliche Besiedlung während der Industal- oder Harappa-Epoche (2800 – 1500 v. Chr.) und Bronzezeit. Aus unerforschten Gründen versiegte die Sarasvati; Mythen schreiben ihr einen Lauf durch das berühmte Schlachtfeld von Kurukshetra bis zur Mondstadt Prayag und die Vereinigung mit den anderen vergöttlichten Strömen Ganga (dem Ganges) und Yamuna zu.

Von der Herkunft der Minas oder Matsyas, der »Fische«, berichten heilige Schriften. Das Matsya-Purana erzählt die Errettung des ersten Menschen und Gesetzgebers Manu durch den fischleibigen Matsya, den ersten »Herabstieg« (Avatara) des großen Gottes Vishnu. Ähnlich dem biblischen Noah wurde Manu dank göttlicher Vorsehung vor einer allesverschlingenden Überschwemmung bewahrt. Die Flutsage des Industales zeigt Parallelen zum mesopotamischen Kulturkreis und tatsächlich bestanden bereits vor etwa 4000 Jahren rege Handelsbeziehungen zwischen den Städten des Industales und dem südlichen Zweistromland.

Das Kerngebiet der Minas waren im Frühmittelalter die nördlichen Aravalli-Schluchten – sie gründeten die älteste Burg von Amber – und das Gebiet um Ajmer, später verlagerte sich ihr Siedlungsraum weiter östlich und südöstlich gegen Bharatpur, Tonk und Ranthambor bis zum Chambal-Fluß. In mehrere Stämme unterschiedlicher sozialer Rangordnung gegliedert, leben die Minas entweder als Bauern (Zamindar, Baragaon) und Verwalter (Chowkidar), oder als arme Taglöhner, Kleinpächter und gesellschaftliche Außenseiter, denen Flurschäden, Überfälle und verschiedene andere Vergehen angedichtet werden.

Rund 1,3 Millionen Bhils bilden ungefähr 35% der Altstämme. Sie gehören vermutlich jener austroasiatischen Altrasse mit leicht mongolischen Gesichtszügen an, die vor etwa 6000 Jahren aus Osten, wohl von Assam und Burma, in die südlichen Aravallis und Banas einwanderten. Die Mythen schildern die Bhils als »Waldsöhne« (Banaputras), die Shiva als »Herrn des Waldes« (Baneshvar) und als den »Schrecklichen« (Bhairava) verehren. Ihm und seiner Partnerin, der alten Muttergöttin, wurden früher Menschen geopfert, heute werden von niedrigkastigen Dorfpriestern noch Tiere zur Besänftigung dieser blutrünstigen Gottheiten geschlachtet. Blutriten sind im orthodoxen Hinduismus hochkastiger Brahmanen streng verpönt und weisen die Bhils als uralte, vorarische Stämme aus. In ihr Gebiet bei Udaipur drangen um 700 die Guhilot-Rajputen vor. Mit der Religion des Kriegeradels, dem königlich-heldischen Gott Vishnu und seinen Inkarnationen als Rama und Krishna, wollten die wilden Bhils nichts zu tun haben. So tötete der Bhil-Jäger Jara mit einem vergifteten Pfeil den schlafenden Gott Krishna, dessen Rückkehr zum Himmel um das Jahr 3100 v. Chr. das jetzige schlechte Weltzeitalter einleitete.

Die Bhils leben als arme Kleinbauern und Viehzüchter in schwer zugänglichen Wäldern, Hügeln und Bergen im Udaipur- und Dungarpur-Distrikt bis weit hinein nach Gujarat. Als Hilfstruppen wurden Bhils zur Entscheidungsschlacht von Haldighat im Jahre 1576 von Maharana Pratap Singh gegen Kaiser Akbar eingezogen und stellten seit 1840 ein tapferes Corps in britischen Diensten. Weit bekannt sind die Bhils als begabte Musiker und Tänzer. Geradezu legendären Ruf genießt Karna Bhil, der die schräg geblasene Bambusflöte (Narh) meisterhaft spielt und in den letzten Jahren zur Touristenattraktion und einem begehrtem Photomodell wurde. Feste verstehen die Bhils besonders lang, ausgelassen und farbenfroh zu feiern. Das Gangaur-Fest dauert bei ihnen, wie auch beim benachbarten Stamm der Garasiyas im Sirohi-Bezirk, einen ganzen Monat. Reichgeschmückte Figuren des Götterpaares Gan und Gauri (Formen von Shiva und Parvati) und geschnitzte Elefanten werden in Prozessionen durch die Dörfer getragen und leiten bei Musik und Tanz den alljährlichen Heiratsmarkt ein. Bhilfrauen zeigen dann stolz ihren reichen Silberschmuck und bunte Trachten, schwarze Kniebundhosen, rote ärmellose Tuniken und goldbestickte Schleier.

Zu den interessantesten Stämmen Rajasthans gehören die Banjaras, die als Hausierer weite Teile Nordindiens bis zum Dekkhan durchziehen. Banjaras und Gadia Lohars gelten als »Ur-Zigeuner«, als reinrassige Vertreter der aus Nordindien stammenden und über die ganze Erde verstreuten Volksgruppe.

Alljährlich treffen sich die Banjaras im August/September im Dorf Ramdeora bei Pokaran zu einem elftägigen Fest zu Ehren des Rajputenheros Ramdeoji, der gleichermaßen von Muslims als Heiliger Ramshah Pir angebetet wird. Zahlreiche Wunder und Krankenheilungen sollen sich in seinem Tempel ereignet haben. Höhepunkt der Festlichkeiten bilden Gesänge und Hymnen mit feurigen Schellentänzen (Teratali) der Frauen.
Die Gadia Lohar leben als Hausierer in Planenwagen und verdingen sich, auch ihre Frauen, als Schmiede und Schuster. Früher waren sie wegen ihres sprichwörtlichen Stolzes eine hochgeachtete Gruppe: Sie sind die einzigen, die den Schwur Maharana Pratap Singhs ernstnahmen. Nach dem Fall der Feste Chittor im Jahre 1567 blieben sie haus- und besitzlos und wollen dieses heilige Versprechen bis zur Wiederbesiedlung der Burg einhalten. Ursprüngliche Wüstenstämme sind die Tondhas, seit alten Zeiten Salz- und Reishändler, und die Kalbelias, Schlangenhändler und -beschwörer.
Die große Volksgruppe der Jats gehört zwar nicht zu den registrierten Stämmen, sie haben aber teilweise urtümliche Lebens- und Religionsformen bewahrt. Als altes, zähes Bauern- und Kriegervolk wohnen die Jats zwischen Bikaner und Agra oder stellen einen bedeutenden Teil der indischen Armee. Während der Regierung Kaiser Aurangzebs war es parallel zu den Marathen-Aufständen auf dem Dekkhan zu Jat-Rebellionen um Agra gekommen. Unter Führung ihres Fürsten Ram scharten sich die Jats zu einer kleinen, aber schlagkräftigen Armee zusammen und überfielen Karawanen und islamische Städte. Aus den Wirren des 18. Jahrhunderts ging die einstige Region Mewat im Jahre 1733 als Jat-Staat Bharatpur hervor. Fürst Suraj Mal gründete die Festung Bharatpur, erweiterte den prachtvollen Gartenpalast von Dig und legte das berühmte Vogelschutzgebiet Keoladeo Ghana an.
Obwohl die Jats strenggläubige Hindus blieben, übernahmen sie mehrere islamische Sitten, wie Witwenheirat und Erdbestattung. Ihr Volksheros Tejaji wird gleichzeitig als Schützer gegen Schlangenbisse angebetet. Ein Zweig der Jats, die Sekte der Bishnois, hat eine besonders innige Beziehung zu Ratten, die sie als göttliche Ahnen verehren. Hunderte dieser Nagetiere bevölkern den Tempel von Deschnoke bei Bikaner, der eigens für sie mit unterirdischen Gängen, Treppchen und Gittern gegen Greifvögel ausgestattet wurde. Priester versorgen die heiligen Tiere täglich mit süßem Milchreis; sollte ein Besucher eines von ihnen verletzen oder gar töten, muß eine hohe Silberbuße bezahlt werden – kein Wunder daß der Tempel nicht als arm zu bezeichnen

ist! Ratten gelten in der Hindumythologie als Sinnbild von Schläue und Ernteertrag, weil sie sich Zugang sogar zu versperrten Getreidespeichern verschaffen und wohlgenährt vor Lebensfülle strotzen. Daher stehen sie in Verbindung mit Fruchtbarkeitsgenien, wie dem elefantenköpfigen Ganesha und der großen Muttergottheit.

Zum Rattenheiligtum von Deschnoke pilgern auch gerne Eltern mit ihren Neugeborenen in Begleitung der ganzen Sippe, um von den göttlichen Ahnen glückbringende Namenskärtchen ziehen zu lassen. Karani Mata (oder Karni Devi) ist die große Hausherrin des Tempels und gleichzeitig die Patronin der Maharao-Familie von Bikaner. Nach dem Glauben der Bishnois inkarniert sich die mächtige Muttergöttin Karani Mata (eine Form der Göttin Durga) jeweils in einem Mädchen aus dem Jat-Volk. Solche jungfräulichen, »lebenden« Göttinnen sind ein Relikt uralter Glaubensformen, die als Kumari-Kulte in Nepal noch weit verbreitet sind.

Gedanken zur Tiersymbolik

Zahlreiche prähistorische Funde bezeugen frühe Tierkulte und einstmals tiergestaltige Götterbildnisse in Indien. Die Tierverehrung blieb im Volksglauben stets erhalten, im »höheren« Hinduismus wurden Tiere meist zu »Fahrzeugen« (Vahanas), Reit-, Thron- und Symboltieren großer Götter. So gilt der Elefant als Träger des Universums und des vedischen Götterkönigs Indra, als Spender himmlischer Wasser und im esoterischen Sinne als Beseitiger von Hindernissen am Erlösungsweg. Kuh und Stier symbolisieren die Muttergottheit (Erde) und ihren Partner (Himmel und Regenwolken), der Nandi-Bulle ist das Fruchtbarkeitszeichen Shivas. Seit Menschengedenken genießt die Schlange große Verehrung; rotbemalte Schlangensteine in den Dörfern sollen Kindersegen bewirken. Die klassische Sakralkunst zeigt den kosmischen Gott Vishnu Narayana auf einem Schlangenbett im Urozean ruhend, Sinnbild der ewigen Lebensenergie und Entfaltung der Erscheinungswelt aus dem Wasser. Vishnus Sonnenadler Garuda, verwandt dem Urvogel der Schamanen Innerasiens und der geflügelten Sonnenscheibe des östlichen Mittelmeerraumes, ist als Verkörperung des Geistes der Widersacher der erdgebundenen Schlangen.

Zum Vollmondfest am Lotossee

Puschkar, das Auge der Wüste

Vor unendlich langer Zeit, als noch Moral und Ordnung im Kosmos herrschten, blickte der Schöpfergott Brahma versonnen auf irdische Gefilde hernieder. Langsam entglitt seinen Händen eine Lotosblüte, die Blume der Reinheit und das Zeichen des Demiurgen, fiel zur Erde herab und berührte dreimal den Boden. Quellen brachen hervor und füllten eine Senke inmitten weiter Sandwüste. Wohlgefällig betrachtete Brahma den glitzernden See, benannte ihn nach der Lotosblüte Puschkar und erkor dessen Gestade zum Schauplatz des ersten Götteropfers auf Erden. So verließ Brahma seine Residenz am Manasarowar-See und der Quelle des Brahmaputra (»Sohn Brahmas«) hoch im Himalaya und stieg zum Lotossee hernieder. Am elften Tage der lichten Hälfte des Monats Karttika, zum Herbstvollmond, waren alle Himmlischen und heiligen Seher, die »Götter in Menschengestalt«, versammelt und erwarteten Brahmas Gattin Savitri. Als die eitle Göttin sehr lange mit ihrer Toilette beschäftigt war und nicht erschien, suchten die verärgerten Götter eine neue Frau für Brahma. In der Eile fand der Götterkönig Indra in den Bergen um Puschkar nur die Tochter eines armen Gurjara-Hirten. Um das Mädchen des Brahmanenstandes würdig zu machen, unterzog sie der Gott Vishnu einem Reinigungsritus. Er ließ sie »durch den Leib einer Kuh hindurchgehen«, denn Kühe sind seit Urzeiten der Brahmanenklasse heilige Tiere, und Gayatri, das »Mädchen aus der Kuh«, wurde zur Mutter der Brahmanengeschlechter. Als Savitri, die erste Frau Brahmas, den Opferplatz betrat und Gayatri erblickte, verwünschte sie wütend die Götter und ihr Fluch ging in Erfüllung: Brahma wird seither nur mehr in einem Tempel Indiens, in Puschkar, verehrt, der Feuergott Agni muß Reines und Unreines verzehren, Rudra (der Vorläufer Shivas) verlor sein Geschlecht und wird daher im Zeichen des Phallus (Linga) angebetet, Indra mußte seinen hohen Rang als Götterkönig und Ahnherr des Kriegeradels abtreten und Vishnu wurde als Hirtengott der Patron niederer

श्री जगतपिता ब्रह्मा जी का मन्दिर पुष्कर
श्री ब्रह्मा मन्दिर पुष्करराज

Seite 143 *Eingang zum Brahma-Tempel in Puschkar*
Zu den Riten einer Wallfahrt nach Puschkar gehören neben dem rituellen Bad im See Gebete und Spenden im Brahma-Mandir, der einzigen bedeutenden Kultstätte des Schöpfergottes Brahma in ganz Indien. Für die meisten Pilger aus einfachem Stande ist das auf einem kleinen Hügel am See gelegene Heiligtum auch nur schlicht das Puschkar-Mandir, und kaum jemand unter den ständig herbeiströmenden Scharen wird die heute seltene Brahma-Verehrung als Musterfall indischer Glaubensmanipulation verstehen und die religionsgeschichtlichen Zusammenhänge kennen.
Seit vedischer Zeit, vor etwa dreitausend Jahren, galt Brahma als Verkörperung des transzendenten Absoluten (Brahman, der impersonale Weltgeist oder die Weltseele, kann grob als »das Heilige« übersetzt werden), das sich im Ritual offenbart; daher heißt auch der Priester- und Gelehrtenstand Brahmin (Brahmanen). Sie sind die Vollzieher der Zeremonien, Bewahrer kosmischer Geheimnisse und Künder göttlicher Weisheit. Im Mittelalter ging die Bedeutung Brahmas stark zugunsten der Hochgötter des Volksglaubens, Vishnu, Shiva und Devi (»Göttin«, das weibliche Prinzip als Urgrund des Seins), zurück und dementsprechend wandten sich die Brahmanen diesen drei Hauptrichtungen des Hinduismus zu.

Seiten 144/145 *Nomadenlager bei Puschkar*
Dem Ansturm von alljährlich mehr als 100000 Besuchern zur Puschkar-Mela, Rajasthans größtem Fest zum Herbstvollmond im November, können die zahlreichen Pilgerherbergen bei weitem nicht genügen. So verwandelt sich die Wüste rund um die Stadt bis zu den Aravallis in ein riesiges Bauern- und Nomadencamp. Für ausländische Touristen werden rechtzeitig mehrere große Zeltlager angelegt und mit komfortablen Wohn- und langen Speisezelten, überall mit Elektrobeleuchtung und sogar mit Spültoiletten mitten in der Wüste ausgestattet.

Links oben *Männerrunde in einer Pilgerherberge*
Neben den religiösen Zeremonien nutzen die Männer das Puschkarfest gerne als ideale Gelegenheit, Geschäfte abzuschließen, Vieh zu verkaufen, vergnügliche Abwechslung zu genießen und von den zahlreichen Gurus, den weisen Männern und Lehrmeistern, Rat und Segen gepaart mit astrologischen Prophezeiungen einzuholen.

Links unten *Frauen beim Hausratkauf*
Für die rajasthanischen Frauen ist die Fahrt nach Puschkar fast die einzige Unterbrechung im ländlichen Jahresablauf. Dann treffen sie sich mit den in weit entfernten Dörfern verheirateten Töchtern und Schwestern, ziehen in großen Gruppen durch die heilige Stadt, baden, beten und opfern den Göttern, zeigen nach einer guten Ernte ihre neuen, prachtvoll bunten Gewänder, Bandhani-Kopftücher und schweren Silberschmuck, sitzen abends zum Chorgesang vor den Herbergen und feilschen tagsüber temperamentvoll mit den gerissenen städtischen Händlern um billigen Hausrat.

Magische Diagramme zaubern Fruchtbarkeit in das Haus.

Der große Gott Shiva mit Dreizack und Schlange, Symbole des dreifach im All wirkenden Herrn und der Vitalität.

Rechts *Aschebeschmierter Yogi*
Kein indisches Fest ist denkbar ohne unzählige Bettler, Wanderasketen, Gurus und »Heilige« unterschiedlichster Grade. Der Hochgott Shiva gilt als der große Herr aller Yogis und Meister von gelegentlich sehr skurril anmutenden Erlösungswegen. Nach seinem Vorbild gehen Yogis unbekleidet (»nackt wie die Wahrheit«), behängen sich mit Knochenschmuck und beschmieren sich mit Menschenasche, um die Vergänglichkeit der Erscheinungswelt zu zeigen. Die berühmte Yogisekte der Kanpatha verehrt den legendären Magier und Guru Gorakanath, der im 13. Jahrhundert gelebt haben soll. Der abgebildete Yogi trägt die Heilige Schnur und liest aus der Göttlichen Offenbarung, brät sein dünnes Fladenbrot (Tschapati), erteilt gegen Münzen Ratschlag und Segen und zieht dann gewiß weiter zum nächsten Pilgerfest.

Seite 150 *Frauen vor der Pilgerherberge*

Seite 151 oben *Parade der geschmückten Kamele*

Seite 151 unten *Kamelrennen*

Seite 152 *Kür des originellsten Dhola-Maru-Paares*
Zum Höhepunkt der fünftägigen Puschkar-Mela und Spiegelbild rajasthanischer Volksfreude wird ein buntes Turnier am Nachmittag des Vollmondtages.
Bei kostenlosem Eintritt füllen sich schon ab dem frühen Morgen die betonierten Tribünen des großen Stadions und ab der Mittagszeit auch die Äste der umstehenden Bäume. Eine Stunde vor offiziellem Beginn marschiert mit militärischer Pünktlichkeit die Regimentskapelle aus Jaipur ein und überbrückt die Wartezeit bis zum regelmäßig zwanzig Minuten verspäteten Eintreffen der Prominenz.
Deren publikumswirksam geplante Limousinen-Auffahrt quer über den Platz versandet im wahrsten Sinne des Wortes meist schon nach wenigen Metern im weichen Untergrund. Haben dann die Minister für Landwirtschaft und Tourismus, bisweilen auch der CM, der Chiefminister, also Rajasthans Ministerpräsident, samt weiblichem Troß zu Fuß die Ehrentribüne erreicht, dann geht es sofort los. Doch keineswegs mit den Spielen, sondern mit langen politischen Reden, die gleich in mehreren Sprachen verabreicht werden, weil die Chance der großen Versammlung nun einmal genutzt werden sollte.
Nach der Preisverteilung für allerlei Viehzuchterfolge und Superernten wird es endlich lustig. Erwartungsgemäß enden die Rodeo-Übungen an störrischen Eseln und Kamelen für die Wagemutigen meist unter allgemeinem Gelächter mit dem unsanften Abwurf in den Sand. Beim Tauziehwettbewerb zweier Rajasthani-Gruppen gegen Mannschaften der Touristen gehört es schon zur Tradition, daß die einheimischen Männer gewinnen, ihre Frauen aber gegen die durch Schulsport besser geübte abendländische Damenriege verlieren. Auf die Vorführungen einiger Volkstanzgruppen folgen dann die Geschicklichkeitsritte der Kavallerie-Offiziere und die Rennen der Kamele mit und ohne Wagen.
Den Höhepunkt bildet dann der Korso und die Prämierung der prächtig gekleideten Anwärter auf die begehrten Dhola-Maruni-Preise. Nach einer letzten Musikdarbietung endet das große Gemeinschaftsereignis und die Menge zerteilt sich im Bewußtsein, daß es wieder einmal schön war, so richtig rajasthanisch!

Volksschichten. Hoheitsvoll schritt Savitri dem Juwelenhügel (Ratnagiri) über dem Puschkarsee zu und entschwebte für immer in den Himmel.
Weil die Menschheit im Laufe der Zeit die heilige Weltordnung mißachtete, verließen alle Götter das Land am Lotossee. Nur die Rishis blieben als Erben göttlicher Weisheit und Mittler zwischen Diesseits und Jenseits auf Erden und zeugten die sieben großen Priestergeschlechter Indiens. Das Gesetzbuch des Manu bezeichnet das Gebiet zwischen Puschkar und den Flüssen Sarasvati und Drishadwati – die nordwestliche Wüste Thar – als uraltes Brahmanenland, in das die Götter arische Stämme beriefen.
Bald drang der Ruhm wundertätiger Rishis, Yogis und Medizinmänner in alle Himmelsrichtungen und Volk strömte von nah und fern zu den Höhlen am Schlangenberg (Nagagiri) und Blauen Berg (Nilagiri). Indiens große Heldenepen, das Mahabharata und Ramayana, schildern die Pilgerfahrt der fünf Pandava-Prinzen und des Königs Rama nach Puschkar. Himmlische Gnade hatte dem See sündentilgende Kraft verliehen und ein Bad verheißt eine bessere Wiedergeburt und letztlich die Rückkehr zum göttlichen Ursprung. Daher ist der Lotossee Indiens heiligstes Binnengewässer und wird mit anderen Gnadenorten in einem Atemzug genannt: »Ganga (der Ganges) ist die Mutter – gemeint ist die Nahrungsspenderin –, Prayag der König – die Residenz des Mondgeschlechtes, dem der Gott Krishna entstammt – und Puschkar der Guru – der Sitz göttlicher Gelehrsamkeit und die Stadt der Brahmanen.
Am Nord- und Ostufer des Sees ließen reiche Gönner Badetreppen, Götterschreine und Pilgerherbergen errichten. Chinesische Weltreisende beschreiben schon im 5. Jahrhundert Puschkar als großes Pilgerzentrum mit prächtigen Gebäuden und goldglänzenden Tempeln. Im Mittelalter mehrten zahlreiche Wunderheilungen den Ruhm; so soll der Pratihara-Fürst Nahar während der Bärenjagd zur Klause eines Einsiedlers gelangt und durch ihn vom Aussatz befreit worden sein. Den idyllischen See und die blühende Pilgerstadt schätzten auch die Mogulkaiser Akbar und Shah Jahan, die alljährlich nach ihrer Wallfahrt zum Dargah Sharif von Ajmer auch Puschkar besuchten. Dem letzten Mogulkaiser Aurangzeb war allerdings das populäre Hinduheiligtum nahe der größten islamischen Wallfahrtsstätte Indiens ein Dorn im Auge und in blindem Fanatismus ließ er nahezu alle Tempel zerstören. Bald nach des Kaisers Tod begann in der ersten Hälfte des 18. Jahrhunderts der Wiederaufbau durch großzügige Stiftungen der damals besonders mächtigen Marathenkönige von Gwalior und Indore und des Jatfürsten von Bharatpur.

Puschkar ist in mehrfacher Hinsicht eine außergewöhnliche Stätte: So wie Delphi und Olympia die Griechen einten, so versiegte in Puschkar die Fehde aller Rajputenclane, Marathen- und Jatherrscher und sogar viele Muslims zollten dem ehrwürdigen Heiligtum Achtung. Die Rajas von Amber und Marwar beispielsweise, stets Feinde im Krieg, bei Turnieren und galanten Abenteuern, wurden während der Pilgerreise gemeinsam in Silber, Edelsteinen und goldbestickten Gewändern aufgewogen und alle diese Schätze ließen sie den Priestern zuteil werden. Heute vereint der schlichte Volksglaube Hindus und Muslims sowohl in Ajmer als auch im nahen Puschkar.
Alljährlich im Herbst werden Puschkar und die Seeufer bis zu den angrenzenden Bergen zur Kulisse von Rajasthans größtem und farbenprächtigstem Fest, der Puschkar-Mela. In der besten Jahreszeit nach der Sommerhitze, wenn die Ernte verkauft und die Wintersaat schon ausgebracht ist, beginnt in den Dörfern die Zeit der Muße. Dann möchten die Bauern feiern und den Erlös ihres Fleißes in Vieh, Hausrat, Kleidern und Schmuck anlegen und nicht zuletzt ihr Scherflein im Tempel spenden. Wenn der Herbstvollmond (Karttik Purnima) naht, nach dem Sonnenkalender im November, sind Bauern, Nomaden, Händler, Schausteller, Musikanten, Zigeunersippen, Pilger, »Heilige«, Bettler und Schaulustige oft tagelang unterwegs nach Puschkar. Auf Planenwagen, Kamel- und Büffelkarren, Bauchläden oder auf dem Rücken haben sie all ihre Habseligkeiten, Waren, Bühnendekorationen und Buden verstaut. 16000 Stück Vieh, Ziegen, Büffel, Pferde und vor allem Dromedare werden aufgetrieben, denn Puschkar ist gleichzeitig der größte Kamelmarkt des Landes. Für fünf Tage verwandelt sich die heilige Stadt und die westliche Wüste in ein riesiges Lager und einen Jahrmarkt von wohl kaum zu überbietender Urwüchsigkeit und Farbenpracht. Zwischen schätzungsweise 100000 Besuchern verlieren sich auch Europäer, die mittlerweile in immer größerer Zahl dem Spektakel beiwohnen. Für ihr Wohlbefinden wird ein großzügiges Camp mit langen Reihen bunter Wohn- und Speisezelte, Küchen und Sanitäranlagen eingerichtet, dessen Betrieb erstaunlich einwandfrei funktioniert.
Tagelang bietet Puschkar immer wieder Neues, Fremdartiges und Faszinierendes: Eine wahre Augenweide ist die unüberschaubar vielfältige Bevölkerung, stolze Wüstenbewohner und Frauen von natürlichem Liebreiz, fröhliche und staunende Kinder, ehrwürdige Heilige, ausgemergelte Asketen und aschebeschmierte Yogis, listige Marktschreier und Schausteller, groteske Gaukler und Zauberer und heißblütige Zigeuner. Prachtvoll mischen sich far-

bige Männerturbane und grell-bunte Frauentrachten aus flitterdurchwirkten Schleiern, spiegelbesetzten Miederleibchen und weitschwingenden Röcken. Stolz zeigen Frauen ihren reichen Silberschmuck an Arm- und Fußgelenken, Fingern und Zehen, in Ohren und Nase, auf Brust und Stirn. Das Brautgeschmeide, der sogenannte »Frauenwohlstand«, bleibt zeitlebens ihr Eigentum und wird als Statussymbol ständig getragen. Daher ist es für sie unverständlich, daß Europäerinnen schmucklos, ja geradezu »nackt« und arm umherlaufen, und nicht selten wurden Herren aufgefordert, ihren Gattinnen doch endlich den zustehenden Schmuck nachzukaufen.
Unablässig strömen Pilger zum Brahmatempel in der Altstadt und zu den vielen Götterschreinen am Seeufer, ziehen hinauf zum Heiligtum der Göttin Savitri auf dem Juwelenhügel, suchen die Eremitenhöhlen am Schlangengipfel, Blauen und Goldenen Berg auf und vergessen auch nicht, beim »wundertätigen Heiligengrab« von Ajmer zu opfern; denn gerade dort gewährleisten aufgeknüpfte Wollfäden und Stoffetzen mit ein paar Silbermünzen im kommenden Jahr die Geburt eines strammen Stammhalters. Zu jeder Tageszeit sind die Treppen (Ghats) am Ufer überfüllt; andächtige Pilger verharren lange im sündentilgenden Wasser und erflehen mit gefalteten Händen eine bessere Wiedergeburt und Erlösung aus irdischer Mühsal. Echte und falsche Heilige, Wahrsager, Astrologen und Schriftkundige haben am Ufer ihren Ashram, Weisheitsklause und Auskunftsbüro zugleich, meist unter einem Sonnenschirm aufgeschlagen. Asketen sind in tiefe Meditation versunken, nackte Yogis, die Jünger des legendären Guru Goraknath, führen Verrenkungen und Kopfstände zur Schärfung des Geistes vor, Heilige erteilen Segen und weihen dämonenabwehrende Amulette, Wahrsager und Astrologen lesen aus Handlinien, Geburtsdaten und Gestirnsbahnen die Zukunft, errechnen den günstigsten Heiratstermin und wählen glückbringende Namen für Säuglinge, Quacksalber preisen obskure Tränke und Wunderpillen nach »original« ayurvedischen Rezepturen an, Barbiere scheren nicht nur Köpfe und Bärte, sondern ziehen auch mit verrosteten Zangen und »Fingerspitzengefühl« gesunde und kranke Zähne und lassen zur vollen Genesung noch zur Ader.
Viel Volk schart sich um Zauberer, Gaukler, Seiltänzer, Schlangenbeschwörer, Messerwerfer, Bärentreiber, dressierte Affen, Ziegen und Papageien. Fakire durchbohren sich Zunge, Wangen und Nasen mit Dolchen, laufen über glühende Kohlen oder liegen auf einem Nagelbrett. Magier zeigen ihre

Kunststücke, schlucken Nägel und Feuer, lassen Gegenstände in der Luft verschwinden und führen Kartentricks vor, bei denen oft possierliche Sittiche geschickt assistieren. Männer feuern als Tänzerinnen verkleidet das Publikum zur Begeisterung an, balancieren zu packenden Rhythmen Topfpyramiden auf dem Kopf und springen kaltblütig mit bloßen Füßen auf scharfe Schwertklingen. Volkssänger, Mimen und Puppenkünstler spielen Volksdramen, meist Heroengeschichten und Liebesromanzen, die durch komische, akrobatische und satirische Einlagen aufgelockert und angeheizt werden.
Unüberschaubare Vielfalt, Kuriosität und Farbenfreude erfüllen das lebhafte Markttreiben. Das Angebot reicht vom einfachen Hausrat, Lebensmitteln und Stoffen bis zu üppig bestickten Kamelschabracken, Pferde- und Elefantenzaumzeug, Elfenbein- und Silberschmuck, Turbantüchern und golddurchwirkten Seiden und Brokaten. Vor Tempeln reihen sich lange Ladenzeilen mit Opfergaben, wie kunstvolle Blütengirlanden, Räucherwerk, Öllampen, Duftstoffe, Wasserkrüge und Farbpulver in allen Schattierungen zum Auftragen des Stirnmals. Devotionalien, Götterstatuen, Ritualgeräte und Kultbilder für Hausaltäre und Dorfschreine werden in allen möglichen Qualitätsabstufungen feilgeboten, in Holz, Metall, Papiermaché, Stoff und fleischfarbenem Plastik.
Den Höhepunkt der Puschkar-Mela bilden die Rennen der Dromedare und Kamelkutschen, Pferdewettkämpfe von Kavallerieoffizieren mit Lanzenstechen und endlich die Wahl der rajasthanischen Schönheitskönigin und ihres Ritters. Zwei Dutzend fürstlich gekleideter Paare wetteifern um die Trophäe als Dhola-Maruni und Mahendra-Mumal. So bleibt eine alte Überlieferung lebendig, freut sich das Volk seiner ritterlich-königlichen Vergangenheit und kürt alljährlich Prinzen und Prinzessinnen.
Die letzte Nacht genießen die Festteilnehmer dann in ausgelassener Fröhlichkeit bis zum Morgen. Wenn die Sonne am Horizont aufgeht, ziehen sie heimwärts und freuen sich auf das nächste Jahr, daß wieder Karttik Purnima, der Herbstvollmond von Puschkar, werde!

Erläuterungen zu Schreibweise und Aussprache

Im allgemeinen orientiert sich die Schreibung von Orts-, Personen- und Götternamen sowie religiösen Begriffen an indischen Publikationen in englischer Sprache mit einigen Angleichungen an die deutsche Sprechweise. Es kam den Autoren vor allem auf Lesbarkeit und Verständlichkeit an, daher wurden Sanskrit-Wörter vereinfacht und beispielsweise ohne diakritische Zeichen geschrieben.

Zur Aussprache:

c	= tsch-h
ch	= tsch
h	= wird immer gesprochen
j	= dsch
s	= stimmloses ß
sh	= sch
v	= w
y	= j

Beispiele:

Rajasthan	= Radschasthan
Rajputana	= Radschputana
Raja, Maharaja	= Radscha, Maharadscha
Rajputen	= Radschputen
Jaisalmer	= Dschaisalmer
Jaipur	= Dschaipur
Jodhpur	= Dschodhpur
Chittorgarh	= Tschittorgarh
Shiva	= Schiwa
Vishnu	= Wischnu

Rajasthan und Umland in Daten

2800 – 1400 v. Chr.
Induskultur (auch Industal- oder Harappa-Kultur).
Hauptfundstätten: Mohenjo-Daro und Harappa in Pakistan, in Rajasthan in den einst fruchtbaren Flußtälern der Sarasvati (Sarsuti) und Drishadwati (Ghaggar), Kalibangan im Bikaner-Distrikt. Städtisch-bürgerliche Hochkultur, beherrscht von einer Priester- und Kaufmannsaristokratie, im bäuerlichen Hinterland mutterrechtliche Dorfstrukturen.
Zersetzung von innen her – Versalzung des Bodens, Zerstörung der Dammbauten durch eine große Flut? – und durch arische Invasoren. Abdrängen der dravidischen Bevölkerung nach Süden und Osten.
Religion: Kulte der großen Muttergottheit (Symbol: Kuh) und eines »Stier«-Gottes – Amulette und Siegel zeigen eine gehörnte Gottheit im Yogasitz = Vorläufer Shivas als Pashupati »Herr der Lebewesen«. Die uralten Glaubensformen des Animismus (Verehrung der »beseelten« Na-

tur, Tier-, Pflanzen-, Stein- und Wasserkulte) und Schamanismus (Beschwörungsriten) blieben im Glauben der breiten Volksmassen erhalten, beispielsweise bei Stämmen der Bhils, Jats, Minas etc.

1500 v. Chr.
Beginn des Einfalls hellhäutiger Hirtennomaden, der Aryas oder Arier, aus zentralasiatischen Steppen in den indischen Subkontinent, Unterwerfung uransässiger Völker.
Religion: Vedismus und Brahmanismus.
Natur- und Zauberreligion, personifizierte Naturgewalten und ethische Begriffe, z. B. »Gott Feuer« (Agni), »Gott Wahrheit« (Varuna). Vorwiegend männliche Gottheiten mit heroischen Zügen, dem altiranischen und griechischen Pantheon verwandt. Göttliche Offenbarung (Veden, Upanishaden = philosophische Geheimlehren, Priestertexte etc.), später in Sanskrit verfaßt. Während der Brahmana-Zeit (etwa 900 – 400 v. Chr.) Vorherrschaft und Opfermonopol der Priester- und Gelehrtenklasse (Brahmanen). Ihnen folgen gemäß der Ständeordnung »göttlichen« Ursprungs der Kriegeradel (Kshatriyas), Kaufleute und höhere Handwerker (Vaishyas), die Masse der Knechte und Hörigen (Shudras) ist weitgehend mit den unterworfenen altindischen Völkern identisch. Aus diesen vier Klassen entstehen zahlreiche Untergruppen, Kasten (indisch: Jati = Geburt), meist gleichzusetzen mit Berufen.

6. Jh. v. Chr.
16 arische Königreiche in Nordindien bis zum Golf von Bengalen und den Vindhya-Bergen, das bedeutendste ist Magadha (heute Bihar).

5. Jh. v. Chr.
Buddha und Mahavira stiften in Magadha die Reformreligionen Buddhismus und Jainismus als Reaktion gegen die Vorherrschaft der Brahmanen und die Erstarrung des Kastenwesens.
Die Religion der Arier (Vedismus und Brahmanismus) verschmilzt allmählich mit dem vorarischen Volksglauben zum eigentlichen oder jüngeren Hinduismus. Heilige Schriften: Die großen Heldenepen Mahabharata und Ramayana, das Gesetzbuch des Manu und die Puranas entstehen als Werke mehrerer Jahrhunderte.

313 – 185 v. Chr. Großreich der Maurya-Dynastie, Hauptstadt Pataliputra (Patna) am Ganges. Kaiser Ashoka (268 – 233) fördert den Buddhismus. Fundstätte in Rajasthan: Stupareste in Bairath, Jaipur-Distrikt.

327 Alexander d. Gr. dringt bis in das Fünfstromland vor.

57/58 v. Chr. Beginn der Vikrama-Ära, benannt nach dem legendären König Vikramaditya von Ujjain.

2. Jh. v. bis 2. Jh. nach Chr.
Parther, Saken (Skythen), baktrische Griechen und Kuschanas dringen nach Indien ein, indogriechische Reiche.

78 n. Chr. Beginn der Shaka-Ära mit dem Regierungsantritt des größten Kuschana-Herrschers, Kaiser Kanishka. Reichsausdehnung bis zum Iran und nach Zentralasien (Seidenstraße), Sommerresidenz Kapisha in Afghanistan, Winterresidenz Mathura an der Yamuna. Gandhara- und Mathura-Stil. Religiöser Synkretismus (Buddhismus, Hinduismus, iranische Feuer- und Sonnenkulte, chinesische Einflüsse).

320 – 510 Gupta-Reich, Indiens »Goldenes Zeitalter«.
Fundstätten in Rajasthan: Stadt- und Festungsruinen in Nagari bei Chittorgarh und Mandore bei Jodhpur. Der größte Sanskritdichter Kalidasa führt sein Drama Sakuntala in Ajmer auf.

Ab 460 Einfälle der Weißen Hunnen oder Hephthaliten, Zerfall des Guptareiches.

533 Yashodharman besiegt die Hunnen.

606 – 647 Kaiser Harsha von Kanauj am Ganges.

6. – 8. Jahrhundert
Aus kleinen Pufferstaaten der Gurjaras entstehen Rajputen-Reiche zur Sicherung der Nordwestgrenze Indiens gegen die Araber.

637 und 710 Einfälle der Araber von See her in den Sindh.

747 Feuerzeremonie auf dem Berg Abu.

753 Beginn der Rashtrakuta-Dynastie auf dem nördlichen Dekkhan.

823 Der Pratihara Bhoja I. zieht als Kaiser in Kanauj ein, Vorherrschaft der Pratiharas über Rajputen-Reiche Nordindiens: Haihaya-Kalachuri von Groß-Koshala und Chedi, Gahadavala oder Gaharwar am Ganges (Kashi), Kachwaha von Narwar und Gwalior, Chandellas von Bundelkand (ursprünglich Gonds, primitive Dschungelstämme), Tomara von Gwalior und Delhi, Solanki (auch Chaulukya-Solanki) von Gujarat, Paramar von Malwa, Chauhan von Ajmer und Delhi.

915 Die Rashtrakutas stürmen die Kaiserstadt Kanauj und vertreiben die Pratihara-Kaiser.

998 – 1030 17 Raubzüge des Sultans Mahmud von Ghazna.

1192 Afghanische Ghoriden schlagen die vereinten Rajputen unter Prithvi Raj Chauhan vernichtend bei Tarain, die meisten Clane fliehen in das spätere Rajputana, das zum Herzland des Kriegeradels wird. Sonnendynastien: Guhilot-Sisodia von Mewar, Rathore von Marwar, Jodhpur und Bikaner, Kachwaha von Amber, Jaipur und Alwar; Monddynastie: Bhatti von Jaisalmer; Feuerdynastien: Hara Chauhan von Bundi und Kotah, Deora Chauhan von Sirohi. Kleine Rajputenfürstentümer in Himalayatälern (z. B. Kangra, Trigarta, Chamba).

1206 Beginn des Sultanats Delhi.

1221 Dschingis Chans Beutezug am Indus.

1302 Ala-ud-Din Khilji von Delhi erobert die stärksten Rajputenfestungen Ranthambor und Chittorgarh.

1320 – 1388 Tughluq-Dynastie von Delhi.

1335 – 1565 Hindu-Reich von Vijayanagara auf der Dekkhan-Halbinsel.

1398/99 Indienfeldzug des Timur (Tamerlan) von Samarkand.

1431 – 1469 Maharana Kumbha von Mewar erneuert den mittelalterlichen Feudalstaat, Mewar bedeutendstes Rajputenreich.

1526 Der erste Mogulkaiser Babur siegt bei Panipat über die Lodi-Dynastie von Delhi, Beginn der Mogulherrschaft über Indien.

1527 Babur schlägt die Rajputenföderation unter Rana Sangram von Chittor.

1526 – 1857 Mogul-Kaiser (1526 – 1530 Babur, 1530 – 1556 Humayun, 1556 – 1605 Akbar, 1605 – 1627 Jahangir, 1628 – 1658 Shah Jahan, 1658 – 1707 Aurangzeb, danach nur noch Schattenkaiser).

1540 – 1545 Sher Shah Sur vertreibt Humayun.

1567 Kaiser Akbar erobert Chittorgarh.

1575 – 1580 Kaiser Akbar schließt Frieden mit den Rajputen und heiratet Prinzessinnen von Amber und Jodhpur, Blütezeit der Rajputenreiche.

1576 Mewar leistet weiterhin Widerstand, Maharana Pratap verliert die Schlacht von Haldighat, seine Nachfolger müssen sich den Mogulkaisern unterwerfen.

1627 – 1680 Shivaji führt die Marathen im Kampf gegen die Mogulen und gründet ein unabhängiges Reich im Dekkhan.

1612 Erste englische Faktorei in Surat, Handelsniederlassungen in Bombay, Madras und Kalkutta folgen.

1734 Maratheneinfälle in Rajputana, Hungersnöte, einige Rajputenreiche werden den Marathen tributpflichtig.

1738 Nadir Shah von Persien fällt in Indien ein und plündert Delhi.

1818 Pax Britannica. Verträge mit den Briten sichern den Rajputenherrschern weitgehende Souveränität, Ajmer untersteht direkt den Engländern.

1858 – 1947 Indien britische Kronkolonie.

1937 Rajputentruppen im Burmafeldzug, später auch an anderen Kriegsschauplätzen.

15. 8. 1947 Unabhängigkeitserklärung, zugleich Teilung des Subkontinents in die Indische Union (Bharat) und den Muslimstaat Pakistan. Den Rajputenreichen steht es frei, sich Indien oder Pakistan anzuschließen, alle 19 Fürstentümer und Königreiche stimmen für Indien, geben ihre Unabhängigkeit jedoch nur widerstrebend auf. Bis 30. 3. 1949 sind sie der Indischen Union beigetreten.

Rajasthan in Zahlen

Rajasthan = »Wohnstätte der Könige«
Rajputana (Rajaputana) = »Land der Königssöhne«

	Rajasthan Volkszählung 1981	Rajasthan Volkszählung 1971	Vergleich BRD 1981	Vergleich Österreich 1981
Fläche in km²	342214		247989	83849
Einwohner	43,1 Mill.	25,7 Mill.	59,7 Mill.	7,4 Mill.
Einwohner pro km²	126	75	240	88
	(Zunahme in 10 Jahren 67%)			

Hauptstadt:	Jaipur
Sprachen:	Rajasthani und Hindi
Männer:Frauen	1000:917
Landbevölkerung	ca. 80%
Lesen/Schreiben	%
Buben/Männer	ca. 23
Mädchen/Frauen	ca. 6
total	ca. 14
Einwohner/km²	
Bharatpur	350
Jaipur	350
Jaisalmer	6
Straßen km	
asphaltiert	26844
geschottert	29183
Zweiräder	62024
Vierradfahrzeuge	52481

Religionen:	
Hindus	23100000
Moslems	1800000
Christen	30000
Sikhs	35000
Jainas	510000
Klima:	
März – Juni	heiß und trocken
Juni – August	Regenzeit
September – Februar	kühl und trocken
Regenfälle	mm/anno
Jaisalmer	180
Ajmer	520
Jaipur	600
Jhalawar	1100

Bodenschätze:
Blei, Zink, Asbest, Gips, Salz, Feldspat, Marmor Kupfer.

Landwirtschaft	
Anbaufläche 1977 gesamt	ca. 160600 km²
Anbaufläche bewässert	ca. 30000 km²

Waldgebiete 1971	ca. 43382 km²
Waldgebiete 1977	ca. 34600 km²

Anbauprodukte:
Jowar, Hirse (Bajra), Mais, Weizen, Hülsenfrüchte, Ölsamen, Baumwolle, Tabak.

Ernte 1978/79:	
Nahrungsmittel	7800000 t
davon Hirse	1500000 t
davon Zuckerrohr	2200000 t
davon Ölsamen	550000 t

Quelle: Indische Botschaft, Wien;
Stand: Volkszählung 1981.